GUIDE DU TOURISTE

BREST

SON CHATEAU. — SON PORT.
SA RADE
ET SES ENVIRONS

PAR

O. PRADÈRE

BREST
Sté Anon. d'Imprimerie. — A. DUMONT.
1889

BREST

ET SES ENVIRONS

DU MÊME AUTEUR

Souvenirs et Esquisses pittoresques d'Amélie-les-Bains (Pyrénées-Orientales). 1 vol.

La Bretagne poétique (Traditions, mœurs, coutumes, chansons, légendes, ballades, etc.) 1 vol.

Mary-Ellen (Souvenirs des bains de mer de St-Malo). 1 vol.

Etude sur Robert Burns

Le Chant du Coucou (Traduction du poëme gallois *Kan-er-Kog*).

Le petit Oiseau du bon Dieu (Traduction de l'élégie bretonne *Labouzic Doue*).

Le Retour. (D'après Runeberg, poète suédois.)

Le Rouet. (Nouvelle bretonne.)

Un bouquet de légendes (Poésies).

Notice biographique sur Vincent de Montpetit, peintre du roi Louis XV, et inventeur du genre de peinture dite éludorique.

Les poètes étrangers (Traduction en poésie française de quelques-unes de leurs œuvres.)

Causerie sur le premier jour de l'an.

La Société des *Rosati*, fondée à Arras, en 1778.

Causeries humoristiques (1re, 2e et 3e séries).

Poésies diverses.

GUIDE DU TOURISTE

BREST

SON CHATEAU. — SON PORT.

SA RADE

ET SES ENVIRONS

PAR

O. PRADÈRE

BREST

S^{te} anon. d'imprimerie. — A. DUMONT.

1889

En écrivant ce livre pour le présenter sous le titre : *Brest et ses environs,* je ne me dissimule pas que je parcours un terrain déjà bien battu, bien exploré, bien étudié par un grand nombre de devanciers intelligents et travailleurs, mais je me dis aussi qu'à part l'histoire de Levot en cinq forts volumes, in-8°, un grand nombre de documents imprimés ou de manuscrits inédits se trouvent dispersés, éparpillés dans nos bibliothèques ou ailleurs, qu'il faut beaucoup chercher, fouiller pour les découvrir. J'ai conséquemment formé le projet de réunir méthodiquement ce que j'ai trouvé, ce que j'ai recueilli moi-même de plus intéressant sur la vieille cité bretonne, au point de vue archéologique, historique et artistique, de manière à ne former qu'un volume, et même un tout petit volume que le touriste pourra facilement glisser dans la poche de son pardessus, pour le consulter au besoin, quand il visitera la ville maritime et le grand arsenal de la France.

Pour arriver à obtenir sur un pays des détails authentiques, il faut nécessairement chercher, lire, compulser bien des ouvrages, et c'est là un travail auquel un voyageur qui ne fait que passer dans une ville pour la visiter, n'a certainement ni le temps ni le loisir de se livrer. Il aime ordinairement à trouver ce travail tout fait. Donc, rapprocher, présenter avec suite les monuments curieux ou intéressants que peuvent posséder la ville et le port ; coordonner les faits historiques de façon à présenter un ensemble méthodique, tel a été mon but. Pour y arriver, les recherches antérieures faites par Levot, Fleury, Mauriès, qui tous les trois ont été conservateurs-archivistes, le premier de la bibliothèque de la marine, les deux autres de la bibliothèque de la Ville, ont été pour moi d'un secours précieux. Lorsque j'ai quitté ces chercheurs, ces pionniers de l'histoire, j'ai rencontré dans le docteur Riou un promeneur infatigable dans les environs de Brest ; j'ai consulté avec fruit les consciencieux travaux de l'éminent professeur à la faculté de Rennes, M. Ant. Dupuy, membre de notre société académique de Brest ; j'ai trouvé, enfin, dans l'intelligent conservateur du musée, M. Hombron, un artiste distingué qui m'a guidé au milieu des richesses artistiques de la Ville.

Ils sont nombreux les écrivains qui se sont occupés de la Bretagne : Albert-le-Grand, auteur de la *Vie des Saints* de l'Armorique, Pierre Le Baud, D'Argentré, le chanoine Moreau, Cambry, de Fréminville, de Courcy, l'abbé Manet, Le Jean, de la Borderie, Miorcec de Kerdanet, Emile Souvestre, de la Villemarqué, etc., etc., que sais-je ? toute une pléiade. Je n'ai pas manqué de les consulter, et le plus souvent avec fruit, car presque tous ont fourni une pierre à mon petit édifice. Je leur dois donc des remerciements, et si, chaque fois que l'occasion s'en est présentée, je n'ai pas cité leur nom dans ce livre, c'est que j'ai craint de fatiguer le lecteur par de monotones redites. Je n'ai pas la prétention d'offrir ici des faits nouveaux ; je me suis attaché, au contraire, à rechercher dans les évènements qui se sont passés à des époques déjà éloignées de nous, des détails intéressants, authentiques, curieux à retrouver aujourd'hui ; mais, en ce qui concerne particulièrement ces évènements « *Je n'y ai rien mis ne adjousté que je n'ay trouvé en escript notable et que je ne croye entière vérité.* » Ces faits peuvent avoir été oubliés par un grand nombre ; ils sont peut-être entièrement ignorés de plusieurs. En les rappelant ici, j'ai donc un espoir ; celui que ce livre pourra présenter un intérêt quelconque, et que par suite, il rencontrera, je le désire, parmi mes concitoyens un accueil favorable.

O. P.

BREST

ET SES ENVIRONS

~~~~~~

Dans les temps les plus reculés, des tribus obscures habitaient un riche pays arrosé par plusieurs rivières : Asper (l'Aberwrach), Caprella (la Penfeld), Hélorn (l'Elorn) ; il était dominé par le *Cruch-Ochidient* (cap Saint-Matthieu) et par le *Staliocanus Portus*, c'est ainsi que Ptolémée indique le *Gobœum promontarium* des Romains, promontoire le plus avancé de la Gaule dans la mer, vers le couchant. Ce pays entouré de ports nombreux et dont le principal était *Gœzocribates*, se déroulait au pied d'une immense forêt ; là aussi s'étendait un long golfe frangé de vingt baies profondes et fermé par le *Mulgulus*, (gueule de mer, goulet), passe étroite et dangereuse. En face des hautes futaies de la côte occidentale, peuplée d'une race indomptable que l'étranger n'avait pu soumettre, il y avait une traînée d'îles, dont la plus éloignée, *Uxantis* (Ouessant), immense rocher aux rives escarpées, n'ayant pas moins de 18 kilomètres de circuit, était une terre sacrée. Tout ce pays couvert de forêts — « *Terre de granit recouverte de chênes,* » selon l'expression poétique de Brizeux, était très pauvre en souvenirs de l'histoire, et cependant, si on allait vers l'Occident, on arrivait à une cité mystérieuse qui a silencieusement disparu du globe, à la fameuse Is ou Ker-Is, dont les traditions semi-fabuleuses ou les légendes, qui ne le sont pas moins, nous ont seules révélé la triste catastrophe.

Lorsque César soumit l'Armorique, 56 ans avant la venue de Jésus-Christ, ce pays était occupé par les Osismiens, et comme chez les Gaulois, les villes étaient rares, cette population n'avait pour se réfugier en cas de péril que des camps retranchés. Tout ce qu'on peut citer des anciens auteurs qui ont traité de la Gaule : César, Strabon, Méla, Pline, Ptolémée, font mention des *Osismii*, mais en ce qui concerne ce peuple de la Gaule, aucun autre n'est plus couvert d'obscurité. Beaucoup plus tard, lorsque l'autorité impériale ne régnait plus sur cette partie de la Gaule qui s'en était affranchie vers l'an 409, de nouveaux habitants commencèrent à arriver du dehors et à peupler ces solitudes. Ces nouveaux venus sortaient de l'île de Bretagne, où ils se trouvaient exposés sans défense aux incursions des Pictes et des Scots. A partir de 460 surtout, les saints qui venaient de la Grande-Bretagne pour évangéliser la péninsule-armoricaine étaient suivis de bandes d'émigrés qui débarquaient avec eux. Les vaisseaux légers des Kimris ou les curachs des peuplades gaëliques versaient ces pieux voyageurs sur tous les points de nos falaises. On plantait une croix sur la grève, on élevait hâtivement une douzaine de huttes près de quelque fontaine, et la tribu errante se dispersait pour se livrer à la conquête des âmes.

Voyez-les défiler. C'est saint Riok qui, passant le long de la rivière de Dour-doun, à la Roche-Maurice, près de Landerneau, aperçoit le seigneur de ce château qui s'appelait Elorn, se jeter du haut des créneaux dans la rivière. Riok se hâte de courir à son secours, et le retire sain et sauf de la Dour-doun qui, à partir de ce moment, prend le nom d'Elorn. C'est Guénnolé, le premier abbé de Landévennec, le favori du roi Gralon.

C'est Pol qui vient de la Cambrie évangéliser la sauvage Ouessant, l'île de Saturne, et qui délivre les insulaires de Batz d'un énorme dragon en lui mettant son étole au cou.

....Un horrible dragon
Répandait la terreur au pays de Léon ;

Saint Pol promet de le réduire et marche à sa rencontre ;

Du peuple rassemblé qu'elle fut la surprise
En voyant, à la voix de l'apôtre breton,
Le serpent devenir aussi doux qu'un mouton !

C'est Glaudan, père de Saint-Goulven qui, en 540, passe la mer pour aborder en la paroisse de Plouider, non loin de Lesneven.

C'est le fils d'un prince d'Hybernie, l'émeraude de l'Atlantique où les arbres sont toujours verts et où le shamrock étale sa triple feuille et le rouge panaché de sa fleur, Saint-Ténénan qui, avec ses compagnons, aborde à la côte de Bretagne, en entrant par le détroit Mulgul dans le golfe de Brest, et cinglant à pleines voiles arrive dans la rivière d'Elorn.

C'est Saint-Gouesnou et son frère Majan qui débarquent ensemble au port de Brest.

C'est enfin Saint Budoc, le fils de l'infortunée princesse Azénor, qui passe miraculeusement de l'Irlande en Bretagne et vient aborder dans un port situé dans la paroisse de Porspoder.

Tous ces saints étaient, comme je l'ai dit, suivis de bandes nombreuses d'émigrés.

De ce qui précède, est-il donc surprenant qu'une intime parenté subsiste encore entre le gallois de l'Angleterre et le breton de France ?

Dans des vers harmonieux, M. de Lamartine a délicatement fait ressortir cette parenté.

> Quand ils se rencontraient sur la vague ou la grève,
> En souvenir lointain d'un antique départ ;
> Nos pères se montraient les deux moitiés d'un glaive
> Dont chacun d'eux gardait la symbolique part.
>
> Frère, se disaient-ils, reconnais-tu la lame ?
> Est-ce bien là l'éclair, l'eau, la trempe, le fil ?
> Et l'acier qu'a fondu le même jet de flamme
>   Fibre à fibre se rejoint-il ?
>
> Et nous, nous vous disons : ô fils des mêmes plages,
> Nous sommes un tronçon de ce glaive vainqueur,
> Regardez-nous aux yeux, aux cheveux, aux visages,
> Nous reconnaissez-vous à la trempe du cœur ?

Dans quelques cantons de l'ancienne Armorique, aujourd'hui la Bretagne française, et en Angleterre, dans la principauté de Galles, se parle une langue complètement distincte de l'anglais et du français. C'est le gallois et le bas-breton. On sait que Saint-Magloire, qui mourut en 575, étant venu prêcher du pays de Galles en Armorique, y trouva, suivant le récit de son biographe, « des peuples de la même langue. » L'idiome breton était donc compris des armoricains.

Les émigrations des Bretons, dans l'Armorique, continuèrent jusqu'au VIe siècle. Rien d'étonnant, par conséquent, qu'à force de se renouveler, elles aient fini par égaler et même dépasser ce qui pouvait encore rester dans ce pays de population armoricaine ou gallo-romaine. Cette supériorité numérique donna bientôt aux bretons une prépondérance constatée entre autres signes par le changement de nom du sol qui, d'*Armorik* qu'il portait en ces temps-là, devint *Breïz* ou Bretagne, nom qu'il porte aujourd'hui. L'île, au contraire qui, depuis tant de siècles, avait porté ce nom de Grande-Bretagne, le perdait elle-même, et prenant le nom de ses conquérants, commençait à être appelée *terre des Saxons et des Angles,* ou en un seul mot *Angleterre*.

Jusque vers 460 et même 470, on ne trouve nulle trace du nom de Bretagne ni de Bretons, pour désigner la presqu'île occidentale du continent gaulois, mais à partir de cette époque, ces noms surgissent tout à coup pour désigner cette partie de la terre et ses habitants.

Il était donc autrefois, il y a longtemps, bien longtemps, dans la Bretagne-Armorique, sur les bords d'une petite rivière appelée Penfeld, une paisible bourgade de pêcheurs, vivant de ce que lui procurait la mer, et à proximité d'un *Castellum*, premier point fortifié dans ces parages, qui ne fut d'abord qu'une simple citadelle isolée sur un promontoire, et qui portait à cette époque reculée le nom de *Gæsocribates*. Cette citadelle était de création romaine. Le costume des habitants de ce petit bourg, encore bien ignoré du monde, se composait d'un chapeau à larges bords, les jours fériés, remplacé les jours ouvrables par un bonnet de laine bleu ou brun, de forme phrygienne; l'habit et le gilet étaient d'une espèce de bouracan d'un grain plus gros que celui du camelot, ou de berlinge, sorte de tissu de fil et de laine d'un brun jaunâtre, les *braies* ou *bragues*, comme on disait autrefois, espèce de haut-de-chausses de laine ou de toile, étaient maintenues autour des reins par une ceinture de cuir. Attachés aux usages anciens, ces habitants avaient conservé tous ceux de leurs ancêtres, et surtout celui de porter les cheveux longs et flottants sur leurs épaules. Le costume des femmes se composait de trois jupons superposés. Le plus voisin du corps était blanc, le deuxième bleu de ciel, le troisième brun ou noir. Un casaquin de couleur foncée, ouvert par devant, laissait voir une partie du linge de corps qui se fermait à la poitrine et au cou, par trois boutons. Leur coiffure était un serre-tête par dessus lequel se relevaient leurs cheveux en chignon, et de manière à produire à la partie postérieure du crâne, une saillie sur laquelle reposait le bonnet de toile blanche composé d'un fond plissé et de deux barbes pendantes.

Exclusivement occupée de pêche et de culture, la population de ce petit bourg des rives de la Penfeld, qui devait devenir, dans la suite des temps, un des plus vastes arsenaux maritimes de la France et une de ses grandes villes, se levait avec le jour, se rendait aux champs ou dans les barques de pêche, rentrait à l'heure de midi pour prendre un repas composé de poisson, de bouillie ou de galette, de laitage et de pain de seigle, retournait à ses travaux, et le soir venu, se groupait, l'été autour des portes, l'hiver auprès d'un feu de broussailles en attendant l'heure du repos.

Peu à peu, et lorsque la bourgade commença à compter quelques maisons, les habitudes se modifièrent. La vie sociale se manifesta par des coutumes dont quelques-unes, en raison de leur étrangeté ou de leur caractère original, méritent d'être retracées. C'est ainsi que nul nouveau venu n'était autorisé à s'établir dans les environs du château s'il ne prouvait d'abord devant un conseil d'anciens :

1° Qu'il avait l'agrément du gouverneur ;
2° Qu'il possédait suffisamment pour subvenir à ses besoins ;
3° Qu'il était de mœurs faciles ;
4° Qu'il était robuste et capable d'affronter les dangers de la mer.

Tout individu qui aspirait au mariage était tenu de prouver qu'il était bon marin.

A cet effet, il devait aller en plongeant, arracher une poignée de goëmon à la surface d'une roche qu'on appelait la *Rose*, et qui se trouvait à l'embouchure de la rivière.

Pourquoi les pêcheurs avaient-ils ainsi nommé cette roche ? Je l'ignore.

Peut-être avaient-ils trouvé qu'elle affectait la forme de cette fleur.

Dans la suite des temps, plusieurs siècles après les faits dont je vous parle, lorsque la rivière fut devenue un grand port, cette roche, cette *rose*, qui en gênait l'entrée fut dérasée jusqu'à la rencontre du sable et même plus bas. Il n'en est plus question aujourd'hui. Il n'en reste d'autre souvenir que le nom d'une cale où se tenaient jadis les embarcations de la rade avant l'établissement du pont flottant, et qui a conservé le nom de *Cale la Rose*.

Dans tous les cas, comme le rocher n'a disparu entièrement qu'après que plusieurs siècles se sont écoulés, ce n'est certainement pas à cette rose qu'on pourrait à juste titre appliquer ces vers du grand poète Malherbe :

> Et rose elle a vécu ce que vivent les roses
> L'espace d'un matin.

La rose dont je vous entretiens avait la vie plus tenace, puisqu'il n'a pas fallu moins de quatre années d'un travail permanent, de 25,872 kilogrammes de poudre et d'une dépense de 64,502 fr. pour en venir à bout.

Dans la petite bourgade d'alors, les jours de grande fête, entre les offices, des prières se disaient en commun dans la maison des deux doyens d'âge, qui recevaient, tour à tour, chaque fraction de la population et étaient tenus de lui fournir trois pains blancs et cinq cruches de boisson potable. Le dimanche, on se réunissait sur le bord de la mer, pour remercier Dieu des profits de la semaine, puis on s'éparpillait pour se livrer aux différents jeux : le palet, la soule encore en usage de nos jours chez les paysans bretons, et qui consiste à poursuivre une grosse balle dont ils se disputent la possession, la lutte, la course et la danse.

Aux fêtes de Saint-Jean et de Saint-Pierre, on allumait sur le point le plus culminant de la bourgade, un grand feu de broussailles qu'on entretenait toute la nuit. Quand le bois commençait à craquer et que la flamme se faisait jour de tous côtés, jeunes et vieux se prenaient par la main et tournaient autour du foyer en chantant de gais refrains. Le lendemain, on recueillait les cendres et on se les partageait, comme un préservatif contre les mauvais sorts. Les petits tisons étaient placés au chevet du lit; ils devaient chasser les korrigans et leurs maléfices.

Pour moudre les grains on se servait, dans ces temps-là, soit de moulins à eau qui étaient inventés depuis des siècles, soit de moulins auxquels on employait des animaux. Les bretons-armoricains continuèrent la vieille farce qu'ils avaient retenue des Romains. Elle consistait à mener en triomphe, dans certains jours de l'année, les ânes condamnés au service de ces moulins. On leur passait au cou, pour cet effet, un collier de pain; on leur mettait une belle couronne de fleurs sur la tête et le cortège marchait aux bruyantes acclamations des badauds qui bordaient la haie sur le passage. Les meuniers, cela va sans dire, étaient exempts de travailler durant cette grande solennité : c'était leur fête, et celle de leurs ânes aussi. Vers la fin du XVe siècle et dans le courant du suivant, lorsque le bourg, qui avait pris une certaine importance, devint une ville, il eut son maire et ses échevins. C'était même une cérémonie curieuse que l'installation d'un maire, non plus à Gœsocribates comme cette localité s'appelait dans le principe, mais à Brest, nom que nous lui donnerons désormais. Quand on installait un maire, les échevins en costume, et les anciens notables, ayant chacun une baguette blanche à la main, se rendaient au siège de la municipalité, accompagnés par les habitants mariés depuis peu et par ceux qui avaient fait bâtir une maison dans le cours des trois années précédentes. Au devant de la municipalité se réunissait aussi la milice bourgeoise. Précédé des archers de police ayant leurs bandouillères, et de quatre hérauts vêtus de leurs casaques aux armes de la ville, et portant leurs hallebardes, le maire, placé entre messieurs le sénéchal et le lieutenant d'épée, suivi des autres juges et officiers municipaux, se rendait à l'église où le recteur l'attendait à la porte, le livre des Évangiles à la main. Le cortège était précédé d'une cage à triple étage richemement ornée, portée par quatre jeunes notables, et dans laquelle se trouvaient trois petits oiseaux.

Arrivé à la porte de l'église, le nouveau maire s'agenouillait sur un prie-Dieu garni d'un carreau et tapis de velours cramoisi, et la main posée sur le livre sacré, jurait de conserver les droits de l'Église, de veiller à ses intérêts comme aux siens propres, de protéger surtout la veuve et l'orphelin.

Une fois ce serment prononcé, il entrait dans l'intérieur de l'église, au chant du *Te Deum* et y entendait une grand'messe. En sortant de l'église, il posait le talon droit dans un creux, pratiqué exprès au milieu de la plate-forme d'entrée, faisait un tour sur lui-même pour prouver que l'église et le fond de cette église appartenaient bien à la Ville et dépendaient d'elle.

Les quatre jeunes garçons qui portaient la cage suivaient alors le maire qui, accompagné de la Communauté et de la milice, se rendait au Château.

Là, le maire, après avoir fait sa révérence au commandant, promettait foi et fidélité au Roi, à la place, et demandait la conservation des droits et privilèges de la Ville. Il priait ensuite le commandant du Château, pour marques de leurs libertés et franchises, de donner la liberté aux oiseaux qui étaient tenus prisonniers dans la cage.

Le commandant accédait à la demande. Le maire tirait alors de la cage les trois oiseaux, l'un après l'autre, et les présentait au gouverneur qui, à son tour, les remettait à trois dames présentes à la cérémonie, lesquelles donnaient la liberté aux oiseaux, aux cris trois fois répétés de : Vive le Roy !

L'après-midi de ce jour était consacré aux amusements de toutes sortes. Quelque temps qu'il fît, et dans quelque saison que l'on se trouvât, il était une formalité bizarre qui s'accomplissait constamment. En vertu d'un droit féodal, tout marié dans l'année, et quiconque avait fait bâtir depuis trois ans, devait se jeter à l'eau et y disputer le prix des oranges. Une couronne de verdure garnie de ces fruits montait et descendait tour à tour jusqu'au niveau de la mer, à l'aide d'une longue corde à laquelle elle était suspendue. Le nageur devait profiter du moment où elle était à sa portée pour saisir une des oranges. Quatre prix étaient décernés à ceux qui, les premiers, avaient montré le plus d'adresse. Nul ne pouvait se dispenser de prendre part à ce jeu quand il était dans les conditions requises, à moins qu'il ne fournît un remplaçant.

La citadelle, ou le château autour duquel s'étaient groupés ces habitants s'appelait, ainsi que je l'ai dit plus haut, *Gæsocribates*; le port s'appelait *Brivates-Portus*, et la ville *Ocismor*. Ce ne fut que beaucoup plus tard qu'on donna à l'ensemble de la ville, du port et du château, le nom de Brest. Suivant les uns, Brest viendrait du mot breton *Breïz*, qui signifie Bretagne.

M. de Courcy pense que ce nom vient de *Bec-Rest*, — le bout du bois — en raison de la position de cette ville à l'extrémité de la forêt de Landerneau, qui s'étendait jusqu'à la mer. Selon les autres, et Pierre Le Baud est de ce nombre, Brest viendrait de l'anagramme suivant :

Britannorum Regum Equorea Statio,

par une légère altération de *æ* en *e* simple : *æquorea statio* — station maritime.

Ce fut à Pierre Le Baud, bon prêtre et chapelain, que la duchesse Anne de Bretagne, qui aimait les lettres, grâce de plus dans une charmante femme, surtout quand cette femme portait deux couronnes, confia le soin d'écrire l'histoire de Bretagne, pensant que si cette histoire pouvait être faite par un homme de cette trempe, la *chière* province aurait un beau *pourtraict* en pied. Elle le lança, en conséquence, à travers les richesses scientifiques entassées dans les archives de la Bretagne.

Pendant bien longtemps cette station maritime des rois bretons, cette belle rade de Brest fut presque déserte, ce beau port fut un marais, cette ville un simple hameau, au-dessus duquel dominait seul un lourd château.

Au XIIIe siècle, Brest ne pouvait pas encore s'appeler une ville, ce n'était qu'un village ayant un certain nombre de feux.

Mais ce village engendrait des marins, engendrait des héros, et deux siècles ne s'étaient pas écoulés que quelques pêcheurs aventureux quittaient parfois leurs bateaux pour le pont d'un hardi corsaire et descendaient aux côtes d'Angleterre. Ce furent ces matelots qui montèrent la *Cordelière*, en 1513, lorsqu'elle sortit de la rade pour attaquer la

Régente, vaisseau anglais, que suivait toute une escadre.

> Quelques-uns des marins qui, sur la *Cordelière*
> Ont déployé l'ardeur de leur vertu guerrière,
> Représentaient au feu notre vieille cité.
> Si j'éprouve un regret, c'est de ne pas connaître
> Le nom de ces héros que Brest avait vus naître,
> Car ils avaient des droits à l'immortalité.....

Ces hardis pêcheurs étaient d'ailleurs, à n'en point douter, une race forte et vaillante. Ils le savaient si bien que ce sont eux-mêmes qui font dire au Créateur, dans leur dialecte incisif et précis :

> E Breiz-Izel pa n'en dàn
> Tud divac'haign a laqàn.
> Si je ne vais pas en Basse-Bretagne,
> J'y fais naître des hommes vigoureux et sans infirmités.

Je viens de transcrire une traduction de la langue bretonne ; or, très peu expert dans ce dialecte, je me demande si je n'ai pas par hasard commis quelque quiproquo amusant, quelque grosse énormité, comme Cambry, par exemple, qui a traduit *crampoës mouzic* par crêpes moisies, quand il s'agissait de la plante grasse que les naturalistes appellent *umbilicus veneris;* ou comme M. Taylor, qui a également traduit du breton ces vers relatifs à saint Yves :

> Var ar fount badiziant e viskas e zae ven.

La traduction littérale est : « Sur les fonts du baptême, il revêtit sa robe blanche. »

M. Taylor a traduit : « Sur les fonts du baptême, il vécut et s'en alla. »

C'est exactement l'histoire de ce collégien qui traduisait cette phrase du bréviaire : *Sicut uter in pruina*. (Comme l'outre (de Gédéon) au milieu de

la rosée) par : Comme une huître dans un prunier.
Après cette petite digression, que je demande
qu'on me pardonne, je reviens à mon sujet.

Au XVIe siècle, la ville de Brest s'agrandit.

Louis XIV fit de ce lieu un des premiers ports du
monde, et Brest est devenu ce que vous voyez, une
ville qui grandit et s'accroît sans cesse, comme une
adolescente, malgré son étroit corset de murailles.
Les chaumières des anciens pêcheurs des rives de
la Penfeld sont loin de nous ; Brest a enfoui au
Pont-de-Terre, et dans les nouveaux boulevards
qui avoisinent le pont et la place du Château, ce
qui lui restait de masures, comme une coquette qui
cache ce qu'elle a de laid.

Ne cherchez donc pas plus dans la population
actuelle le peuple d'autrefois, que la bourgade du
XIIIe siècle dans ce que vous avez sous les yeux.
Tout cela s'est modifié, tout cela a disparu.
Mais, ce que vous ne pourrez vous lasser d'admirer encore, ce que ni les hommes ni le temps
n'ont pu changer, c'est la mer, la mer toujours
grande et sublime, la mer berçant à la lame les
vaisseaux de la rade, la mer toujours variée, toujours en mouvement, tantôt recueillie et rêveuse,
tantôt irritée et terrible, souriante à la brise du
printemps, écumante sous le feu de l'éclair, bleue
au soleil, mystérieuse au clair de lune, lorsqu'elle
endort les étoiles sur ses vagues haletantes et les
berce au rhytme alternatif de sa complainte :

L'aspect de l'Océan n'est jamais monotone :
La voix des grandes eaux sur la plage bretonne
Qui tremble sous le choc de ces flots bondissants,
Varie à l'infini ses sublimes accents.

Ce fut en 1550 que Brest fut comptée au nombre des villes du royaume. Henri IV, en reconnaissance de la fidélité des Bretons, lui accorda le droit de bourgeoisie. De ce moment, la cité fut constituée. Brest est la seule ville avec Rennes qui ait gardé, sous les règnes de Henri III et de Henri IV, l'obéissance et la fidélité qu'on doit à son souverain.

En 1651, la population de Brest était déjà assez considérable pour que la chapelle du Château et celle des Sept-Saints, construite par ordre de Louis XIII, ne pussent plus suffire.

C'est de cette époque que date l'établissement des Carmes.

Richelieu conçut le premier la pensée de faire de Brest un vaste arsenal, et après avoir fait dresser les quais sur les deux rives, il ordonna la construction des édifices essentiels.

> Noble cité de Brest, sentinelle avancée,
> Que le grand Richelieu, dont la vaste pensée
> Devinant les destins, fit sortir du néant,
> Tu formas sous Colbert le rempart de la France,
> Quand tu fus réunie à ta sœur Recouvrance,
> Au chemin du Progrès marche à pas de géant...

Ce fut en 1680 que Vauban proposa à Louis XIV de ne plus considérer Brest et Recouvrance, qui s'appelait auparavant Sainte-Catherine, que comme une seule et même ville et de l'entourer de nouvelles murailles.

L'année suivante, l'an de grâce 1681, et de son règne le 39e, Louis XIV accorda à la ville de Brest les privilèges suivants :

« Les avantages de la situation de Notre ville de Brest et la bonté de son port dans lequel nous tenons une partie de nos vaisseaux, Nous ayant convié à y faire construire un arsenal de marine considérable, Nous avons estimé nécessaire d'y faire bastir une nouvelle enceinte de ville d'une étendue beaucoup plus grande que l'ancienne pour mettre le dit arsenal et Nos vaisseaux à couvert, les habitans en seureté, et comme les dépenses considérables qui se font au dit lieu pour le maintien de Nos forces navales, y ont appelé depuis quinze ans plusieurs marchands et artisans qui sont habitués, en sorte que les commodités de Notre service s'en sont accrues par leur industrie, Nous avons résolu de traiter favorablement les dits habitans, pour donner des marques de la satisfaction que Nous en avons en leur accordant les privilèges et droits attribués aux anciennes et bonnes villes de Notre province de Bretagne et les rétablissant dans la jouissance de ceux que leurs ancestres ont obtenu des Roys Nos prédécesseurs. A ces causes et autres, à ce que nous mouvans, de l'avis de Notre Conseil et Notre certaine science pleine puissance et authorité royale, avons dit, ordonné et statué, disons, ordonnons et statuons par ces présentes, signées de Notre main, voulons et Nous plaist qu'à l'avenir le bourg de Recouvrance, scitué devant Notre dite ville de Brest et sur le port soit uni à Notre dite ville, pour jouir par les habitans du dit bourg des mesmes privilèges, droits et prérogatives dont jouissent les habitants de la dite ville, et ne faire ensemble qu'un seul corps de communauté qui sera gouverné ainsi que les autres villes de Notre province de Bretagne, et composé d'un maire, deux eschevins, un procureur syndic et un greffier. »

Brest n'était encore cependant qu'une ville fort peu considérable, ne se composant, sur la rive gauche, que des rues Neuve des Sept-Saints, Haute et Basse des Sept-Saints, Charonnière, du Petit-Moulin, Ornou et St-Yves. Quoique ces rues ne soient pas belles, et qu'elles laissent encore beaucoup à désirer sous le rapport de la construction des maisons et de leur élégance, elles sont loin d'être, cependant, ce qu'elles étaient à cette époque. Aucune de ces rues n'était pavée ni même entretenue; le sol défoncé formait çà et là des mares où des bandes de canards prenaient joyeusement leurs ébats. Les riverains de la rue jetaient sur ces fondrières des amas de goëmon, et les habitants circulaient sinon à pied sec, du moins sans enfoncer jusqu'aux genoux. Les maisons se composaient d'un rez-de-chaussée, d'une seule pièce le plus souvent, ayant un grenier au-dessus, sur la façade une porte et une fenêtre étroite ornée d'un contrevent badigeonné au goudron.

Comme preuve que je n'exagère rien de ce que j'avance ici, il me suffira de faire connaître quelques-uns des articles de l'arrêté de Police générale fait en l'hôtel commun de la Maison de ville de Brest, le 30 janvier 1685, pour l'effet estre *estroitement* gardé et observé inviolablement par les Bourgeois et habitans de Brest.

« Est prohibé et défendu à toutes personnes de faire leurs ordures et infections sur les rues, ni souffrir estre fait par leurs enfans, serviteurs et domestiques, sur peine de trois livres d'amande pour la première fois, et du double et du triple en cas de contravention.

« Est également prohibé à tous habitans et leurs serviteurs de jeter aucuns excrémens, chats, bestes mortes, urines, charongnes, et autres choses inmondes sur les rues ni dans les puyts de la ville, de jour ni de nuit, sur peine de dix livres d'amande et autres peines arbitraires.

« Prohibitions et défenses de tenir ni souffrir en leurs maisons aucun pourceau vagant par les rues, sur peine de trois livres d'amande, et confiscation des cochons au profit de l'Hospital. »

Quatre ans après on n'avait probablement pas pu arriver à mettre *estroitement* à exécution les articles de cet arrêté, puisque je vois à la date du 1er septembre 1689, intervenir un nouveau règlement pour la police de la ville de Brest, signé du maréchal d'Estrées.

« Rien n'est si nécessaire, dit ce règlement, pour empêcher les maladies qui pourraient arriver dans la grande quantité de soldats et de travailleurs qui logent dans la ville de Brest que d'en tenir toutes les rues propres et d'empêcher que les immondices n'y soient jetées, *et n'y restent comme elles ont fait jusqu'à présent*; ce qui n'est pas possible d'exécuter que ce qui manque aux pavés des rues ne soit rétably. »

Tout porte à croire que le château, qui dominait ces masures de pêcheurs, est de création romaine. En démolissant, en 1596, une vieille tourelle de cette forteresse, on trouva dans ses fondations une plaque en cuivre, portant d'un côté l'effigie de César, et sur le revers, ces mots : Julii Cœsaris. Cette plaque de cuivre, dit le chanoine Moreau, contemporain, était ronde, grande comme une assiette, en forme de médaille antique.

René de Rieux, seigneur de Sourdeac, commandant à Brest, à cette époque, la fit remettre de rechef aux fondements de la nouvelle tour, avec une autre platine toute d'argent, en laquelle il fit graver le nom de Henri IV et le sien avec ses qualités et l'année.

Est-ce Labiennus qui, d'après certains chroniqueurs, au temps de Jules César ayant pénétré avec des détachements dans l'Armorique fortifia l'extrémité de la presqu'île ?

Est-ce Brutus qui, commandant la flotte romaine, mouilla avec ses vaisseaux dans la rade, et dont les soldats fatigués refusant d'aller plus loin, s'établirent sur les rivages.

Je ne hasarde aucune discussion entre ces opinions, mais on ne saurait contester, je crois, que le premier point fortifié sur les rives de la Penfeld, le fut par les Romains, et que c'est de cette époque que date la fameuse *tour de César* qui porte le nom du vainqueur des Gaules.

La légende de Bretagne assure que le duc Conan de Mériadec, après avoir chassé toutes les garnisons romaines du pays de Léon, acheva la construction du Château.

Conan admira le port naturel, le golfe avec lequel il communique, le mulgul ou le détroit qui conduit à la mer, et la rivière de Landélorn, dont les rivages étaient couronnés de forêts. Il trouva cette situation si belle, qu'il ordonna de terminer les travaux commencés par les Romains.

En 1064, Conan II, duc de Bretagne, appela sur ces rives une colonie d'ouvriers qui s'y établirent à demeure et pour lesquels il érigea une chapelle, mais il ne leur accorda aucun privilège autre que celui de se réfugier dans le château en cas de guerre. C'est de cette époque que le château de Brest compte parmi les principales places du duché.

Les Anglais et les Espagnols le convoitaient. De son côté, la Bretagne appréciait de quel intérêt était pour elle que cette forteresse qui pouvait donner accès sur son territoire, ne tombât pas un jour dans leurs mains.

En 1239, fut signé le traité de Quimperlé qui le cédait en toute propriété à Jean IV, le duc régnant. Profitant du désordre qui était dans les affaires de Hervé III, vicomte de Léon, il acheta de ce dissipateur le château de Brest qui ne lui coûta qu'une haquenée blanche et cent livres de rentes. Ce n'était vraiment pas cher.

En 1341, le château de Brest prit une part active dans la querelle entre Blois et Montfort.

En 1364, la France visait ouvertement à s'emparer de la Bretagne. Trop faible pour lui résister, Jean IV se ligua avec les Anglais et leur abandonna le château de Brest, à la charge par eux de le défendre et de le lui remettre à la paix.

La forteresse de Brest resta sous le drapeau de la Grande-Bretagne jusqu'en 1376.

A la mort d'Edouard III, le château fut rendu au duc de Bretagne, mais deux ans après, sous les ordres de Thomas Percy, les Anglais prirent pour la deuxième fois possession du château-fort de Brest.

A la signature de la paix, le traité qui liait Jean IV à l'Angleterre n'avait plus sa raison d'être, cependant ce ne fut qu'après de longues négociations que Richard II consentit à remettre Brest aux délégués de la Bretagne.

Cent ans plus tard, le roi de France s'était emparé de la plupart des places fortes de la Bretagne, mais Brest restait encore au duc et refusait de se soumettre.

Le vicomte de Rohan livra le château à Charles VIII.

Le mariage de la duchesse Anne avec le roi de France mit un terme aux sanglants démêlés qui duraient depuis plus d'un siècle.

Dom Maurice appelait ce château le nid d'aigles. Jean IV l'avait entouré d'une ceinture de murailles en 1341 ; les Anglais l'augmentèrent d'une tour et d'un bastion en 1384 ; Sourdéac le rendit inaccessible du côté de la rivière en 1593 ; enfin, Vauban le répara en 1681.

Située sur un rocher escarpé à l'entrée du port, cette forteresse a la forme d'un trapèze. Les cinq tours qui la composent sont :

La tour d'Azénor.
La tour de Brest.
La tour de César.
La tour de la Madeleine.
La tour des Anglais.

Entre la tour d'Azénor et le bastion de Sourdéac, on trouve le donjon : c'est là qu'étaient les appartements habités par les anciens gouverneurs.

D'après une vieille chronique écrite en 1776, le château renfermait quelques logements pour les troupes, quelques magasins de peu de valeur, et enfin une église ou chapelle, qui était la paroisse de la ville. La tour du donjon était distribuée dans la forme suivante : la chapelle ducale, les salles d'honneur, cabinets, offices, caves, caveaux et généralement tout ce qui constitue un logement très analogue aux mœurs de ce temps éloigné.

En arrivant par la place du Château, après avoir traversé un charmant square de date toute récente, on rencontre le portail. Ce portail a été construit en entier, en 1464, sous le duc François II, père de la duchesse Anne.

La tour de César est ronde à l'extérieur et hexagone à l'intérieur. Une petite tourelle à toit pointu surbaissé placé extérieurement, renferme l'escalier qui conduit aux divers étages. Son sommet est encore couronné de ses créneaux et machicoulis.

Par le chemin de ronde, en quittant la tour de César, on parvient à la magnifique plate-forme de la grosse tour de Brest, d'où l'on a le spectacle grandiose de la rade et du port.

Le sommet de la tour de Brest a été refait par Vauban, comme ceux des autres ouvrages, pour y mettre de l'artillerie de gros calibre.

La longue courtine qui suit cette tour et forme un des grands côtés du trapèze, domine l'entrée du port, et conduit au Donjon. Cette partie du château était autrefois séparée du reste de la fortification par un fossé large et profond ; sa porte à pont-levis en faisait une citadelle indépendante. Dans la grande enceinte, il y avait des maisons, de hauts arbres, etc.

Aujourd'hui, le donjon se compose de trois tours ; le donjon proprement dit, la tour du Midi, ou de la duchesse Anne, et la tour d'Azénor.

Cette dernière tour, svelte et élancée avec sa couronne de machicoulis, est aussi élégante que le nom qu'elle porte. Elle a d'ailleurs sa légende, et son nom lui vient de la belle Azénor, fille d'un prince de Léon, qui tenait sa cour à Brest, en 537.

Albert-le-Grand, dans une de ses plus gracieuses légendes a raconté les infortunes de cette malheureuse princesse.

Le visiteur de cette tour éprouvera, j'en suis sûr, un certain charme à trouver ici, sans qu'il lui soit nécessaire de recourir aux écrits du savant chroniqueur un abrégé, de ce qu'il a raconté au sujet de cette jeune et intéressante Azénor.

« Une des illustres maisons de la Bretagne-Armorique, dont l'antiquité se remarque dans l'histoire, c'est sans contredit, celle des anciens comtes de Goëlo en Tréguer, que le roi Hoël premier de ce nom, ayant la conduite d'une partie de l'armée du grand roi Artur, son oncle, en la mémorable bataille de Langres, de tous les princes de son armée, choisit Chunaire, comte de Tréguer et Goëlo, pour assaillir le bataillon du sénateur Lucius-Iber, lieutenant de l'empire romain. Le fils aîné du comte Chunaire, que nous appellerons désormais comte de Goëlo, se voulant allier en quelque puissante maison, après avoir cherché partout, arrêta ses yeux et son affection sur la princesse Azénor, fille unique du prince de Léon, issue du sang des anciens rois de Bretagne. Cette princesse, dont la beauté et rares perfections l'emportaient au de là de toutes les dames de son siècle, blessa le cœur du comte et l'engagea à sa recherche. Elle était de riche taille, droite comme une palme, belle comme un astre ; mais cette beauté extérieure n'était rien en comparaison des belles qualités de son âme. Le comte ayant fait choix de cette maîtresse, dépêcha deux des principaux de ses barons vers le prince de Léon, qui tenait lors sa cour en la ville de Brest, ayant charge expresse de lui faire offre de son amitié et alliance, et lui demander en mariage la princesse sa fille. Ces ambassadeurs furent courtoisement accueillis du prince, il les fit conduire en l'hôtel qu'il leur avait fait préparer, et alla trouver sa fille, pour lui donner avis de leur arrivée et du sujet d'icelle. Elle se troubla de prime-abord à cette nouvelle, et une honte pudique parut sur son visage, quand elle ouït parler de prendre un mari, dont elle pria son père de l'en dispenser, attendu la résolution qu'elle avait prise de passer sa vie au service de Dieu, en parfaite chasteté. Cette réponse ouïe, les ambassadeurs prirent congé d'elle et du prince son père, et s'en retournèrent en Goëlo. Le comte attendait leur retour avec impatience; mais ayant appris d'eux la résolution de la princesse, il en fut extrêmement affligé, et, s'étant enquis de ce qui leur semblait de cette fille, ils avouèrent n'avoir jamais envisagé telle beauté. Le désir qu'il avait de réussir en sa recherche fit qu'il ne se tint pas entièrement refusé pour ce coup et résolut de poursuivre sa pointe; il dépêcha une nouvelle ambassade plus magnifique que la précédente, avec des présents de grand prix pour les offrir de sa part, à sa maîtresse, comme gage de la sincérité de son affection.

« Ces ambassadeurs furent recueillis à Brest avec tout l'honneur et civilité qu'on eut pu souhaiter ; ils furent conduits avec cérémonie vers le prince qui, leur créance entendue, leur fit cette réponse : « Que, bien qu'il reconnut que sa fille n'avait du tout point d'inclination au mariage, néanmoins, la persévérance de leur maître méritait qu'on tachât de lui donner toute la satisfaction possible ; qu'il connaissait sa fille si respectueuse en son endroit et si obéissante à ses justes volontés, qu'il ne pouvait se persuader qu'elle le voulut éconduire, s'il lui commandait absolument d'aimer le comte et de l'agréer pour mari. » Les ambassadeurs remercièrent le prince et se retirèrent, et lui, de ce pas, alla trouver la princesse sa femme, qui se chargea de traiter cette affaire et ménager les affections de sa fille pour son serviteur, ce qui lui réussit si heureusement, que la princesse, pour ne pas contrevenir à la volonté de ceux auxquels elle avait appris à déférer, se mit le joug au cou et consentit, (quoique avec répugnance) d'épouser le prince. Content de cet heureux succès, le comte fit monter à cheval l'élite de sa noblesse, pour l'accompagner, et étant arrivé à Brest, alla descendre au château. Le comte était beau, jeune, de belle taille, brave, bien couvert et mieux disant, adroit, courtois et tellement aimable, que la princesse Azénor ne se repentit pas de l'avoir fiancé. Les noces une fois terminées, ils choisirent pour séjour et demeure, un beau château, assis sur une petite colline, lequel pour avoir été bâti autrefois par le roi Audren, on a retenu le nom de Châtelaudren, situé justement entre les deux comtés de Tréguer et Goëlo.

« A peine la première année s'était-elle écoulée, que la tranquillité de leur repos fut troublée par la nouvelle du décès de la princesse de Léon, mère de la comtesse. Quelques mois après, le prince, son père, ne pouvant supporter la solitude d'un triste veuvage, épousa une dame de grande maison, mais qui avait l'esprit malicieux, noir, sombre et malin. Le diable, qui s'était servi de la malice d'une femme pour ruiner nos premiers parents, se voulut aussi servir de cette marâtre pour perdre notre vertueuse comtesse. Cette perverse créature, ne pouvant supporter l'éclat des vertus, dont la comtesse était ornée, prit une résolution désespérée de s'en défaire à quelque prix que ce fut, aux dépens de sa vie et de sa réputation. En ce dessein, elle écrivit au comte un petit billet d'avis de trois ou quatre lignes, en ces termes : « Monsieur, ayant l'honneur de vous être si prochement alliée, je ne puis, ni dois supporter davantage le désordre que cause, dans votre maison, la malversation de votre femme, dont l'impudicité et abandonnement passent en scandale public, à votre préjudice. »

Prenant cette calomnie pour une vérité, le comte changea tout à coup l'amour qu'il avait porté à sa maîtresse en une haine et dédain extrême, la fit conduire en sûreté à son père qui commanda qu'on la serrât en une grosse tour qui regardait la mer, tandis que l'on travaillait à son procès. »

Je laisse ici le récit du P. Albert qui raconte très longuement et dans tous ses détails comment les juges, gagnés sans doute, la condamnèrent, quoiqu'elle fut innocente, à être placée dans un tonneau et jetée à la mer, livrée aux caprices des flots. Au bout de cinq mois de sa périlleuse navigation, elle accoucha heureusement d'un fils qui reçut le nom de Budoc, et peu de temps après, elle aborda avec lui en Irlande.

La tour où fut emprisonnée cette infortunée princesse a conservé son nom : c'est la tour Azénor.

La tour du Midi se présente imposante avec ses vieux créneaux. C'est cette tour que la duchesse Anne habita quand elle vint à Brest en 1505, après avoir fait un pèlerinage au Folgoët.

Aux pieds du château même, la rivière de Penfeld qui forme le port, partage la ville en deux parties ; l'une, sur la rive gauche, comprend la ville de Brest et le château ; l'autre sur la rive droite se nomme Recouvrance. C'est l'ancien bourg Sainte-

Catherine. Cette partie de la ville a reçu le nom de Recouvrance, en mémoire de la chapelle de Notre-Dame de Recouvrance, fondée en 1346, par Jean de Montfort pour le retour ou la *recouvrance*, comme on disait autrefois pour *recouvrement*, des navires expédiés de Brest.

Il n'y a pas beaucoup plus de deux cents ans, 360 maisons ou baraques contenaient sur ces deux rives 1.950 habitants presque tous marins ou pêcheurs, quelques artisans de première nécessité, quelques boutiques de petits marchands, quelques spéculateurs (notables en ce temps-là). La ville ne passait pas l'alignement de la rue des Carmes et se terminait à la rue Neuve-des-Sept-Saints. La porte de la ville était placée à l'extrémité du mur de clôture de l'hôpital vis-à-vis du Château.

Sainte-Catherine (Recouvrance) ainsi que Brest entouré d'un retranchement en terre, s'étendait depuis le premier bâtiment des vivres jusques et y compris la petite place de la fontaine du quai. Une église appelée les Sept-Saints, succursale de celle du Château suffisait au nombre des habitants, ainsi que celle de Saint-Pierre à Recouvrance, paroisse alors assez étendue dans la campagne.

La dédicace de l'église des Sept-Saints avait été faite par imitation de ce qui avait précédemment eu lieu dans la cathédrale de Quimper, où l'on avait érigé un autel aux sept premiers évêques connus de la Bretagne, Saint-Pol, St-Corentin, St-Tugdual, St-Paterne, St-Sanson, St-Brieuc et St-Malo. Cette opinion s'accorde avec ce que le P. Maunoir dit dans la vie qu'il publia à Quimper en 1685, de Saint-Corentin, premier évêque de Cornouailles, qu'il appelle prince des Sept-Saints de Bretagne.

Une légende que j'ai recueillie donnerait à la dédicace de l'église des Sept-Saints une autre origine ; la voici :

Il existait autrefois à Landévennec, au village nommé Seiz-Kroas, un forgeron dont la femme extrêmement pieuse, allait tous les matins entendre la messe à l'abbaye, ce qui déplaisait fort à son mari. Celui-ci lui en fit des reproches et ajouta que ce n'était pas la piété qui l'attirait à l'abbaye, mais les moines. La femme se défendit de cette inculpation outrageante et répondit à son mari qu'il devait être aussi sûr de son innocence qu'elle était certaine de pouvoir tenir entre ses mains le soc de charrue qu'il forgeait en ce moment. Eh bien ! porte-le à Landévennec lui répliqua son mari en jetant à terre le soc incandescent. Pour toute réponse, la digne femme le prit à deux mains et le porta au bourg distant d'environ une demi-lieue de son habitation. Le fait fut considéré comme un miracle, et le soc placé entre deux saints dans le chœur de l'église de l'abbaye, où il resta jusqu'à l'époque de la Révolution.

Quelque temps après, la femme du forgeron accoucha de sept garçons. Le mari furieux de cette maternité multiple, les mit tous les sept dans une maie à pâte ou pétrin, les porta à l'anse de Penforn, là où sont aujourd'hui mouillés les bâtiments de l'Etat, et les abandonna à la merci des flots. La maie fut entraînée vers le Faou dont les habitants voulurent recueillir les sept enfants ; mais ceux-ci tout en témoignant leur reconnaissance, dirent qu'ils ne pouvaient s'arrêter en cet endroit et qu'ils devaient aller plus loin, puis ils prédirent que le bois du Kranou qui s'étendait jusqu'à la ville, fournirait éternellement les plus beaux bois d'œuvre de tout le pays, ce qui s'exprime encore dans les environs de la manière suivante :

> Er forest ar Krano
> Biken koat na vanko.
>
> Dans la forêt du Kranou
> Jamais le bois ne manquera.

Les enfants furent ensuite entraînés vers l'Ouest, et lorsqu'ils passèrent devant le sillon de Landévennec, on les entendit du bourg, chanter d'une voix forte des cantiques mélodieux.

La maie poussée par les flots, aborda à Daoulas. Les habitants accoururent au rivage, mais pas un seul ne se proposa pour recevoir les enfants. Ceux-ci poussèrent au large leur léger esquif, jetèrent leur malédiction sur la ville de Daoulas qui, depuis, n'a fait que déchoir de son importance primitive. Selon une variante qui a cours à Landévennec, ils se seraient bornés à dire que le bois attenant à la ville, et qui s'appelle encore le bois de Daoulas, ne pourrait fournir désormais un simple limon, une gaule de charrette. Prédiction trop bien accomplie, car, depuis cette époque, ce bois n'est plus qu'un mauvais taillis.

Après avoir été longtemps ballotés par les vagues, les sept orphelins abordèrent enfin sous le château de Brest, où ils furent recueillis par les habitants qui les transportèrent dans une maison voisine ; mais ils y moururent peu de jours après, et leurs corps furent inhumés par des anges. La maison fut démolie, et l'on bâtit à sa place, une église en leur honneur, sous le vocable des Sept-Saints. Le village où ils étaient nés, et dont on n'a pu retenir l'ancien nom, prit celui de Seiz-Kroas, sept croix, sept douleurs. Cette petite église avait été aussi consacrée sous le nom de Notre-Dame-de-Pitié à la Vierge. C'est ce qui résulte du moins d'un procès entre la ville de Brest et les Jésuites. Cette dédicace n'avait rien que de très naturel quand on songe que, placée au centre d'une population de pêcheurs et de marins, l'église des Sept-Saints devait partager avec celle du bourg de Sainte-Catherine l'honneur de recevoir les *ex-voto* des naufragés ou de leurs parents.

C'est dans l'enceinte de l'église des Sept-Saints que se fit de 1681 à 1747 exclusivement, l'inauguration des différents maires de Brest.

Il me paraît maintenant intéressant et curieux, à plus d'un titre, avant de pénétrer plus au cœur de la ville et de faire plus ample connaissance avec elle, d'examiner sommairement quels étaient les mœurs, les habitudes de sa population avant la Révolution, d'étudier l'esprit dont les commerçants de cette cité étaient animés, et à quel degré de civilisation on était arrivé.

Plusieurs émigrants, dès 1777, étaient venus à Brest chercher des moyens d'établissement. Aucun ouvrier étranger, cependant, n'était admis à y exercer son état, à moins qu'il ne fit de nouveau ses preuves et ne payât les droits de réception. Les marchands forains ne pouvaient vendre dans la ville, même les jours de marchés que pendant certaines heures et dans les lieux désignés. Les foires de tous les mois et les marchés de chaque semaine étaient alors déjà très importants. Dès le matin d'un jour de foire, dès les jours précédents même, les marchands de toute espèce du dehors affluaient dans la ville, et, à neuf heures, la foule des acheteurs, tant de Brest que de la campagne, se pressait de tous côtés, plus particulièrement sur la *Place Médisance*, dans la rue Kéravel et dans la rue St-Louis. Les foires du mois et les deux marchés de la semaine furent concédés à la ville il y a deux siècles, par les lettres patentes de Louis XIV, données à Versailles au mois de juillet 1681, lettres qui réunissaient Brest et Recouvrance en une seule mairie.

« Pour traiter d'autant mieux les habitans de Notre ville de Brest, disent ces lettres patentes de Louis XIV, Nous voulons qu'ils jouissent du droit de Bourgeoisie accordé à leurs ancestres en considération de leur fidélité, par les lettres qu'ils ont obtenu en l'année mil cinq cens quatre-vingt-treize. Voulons aussi que le siège de la justice Royale cy-devant transféré au bourg de St-Renan soit rétabli dans notre ville de Brest. Avons transféré et transférons les Foires et Marchés qui se tenaient au dit bourg de St-Renan en la dite ville de Brest. Voulons à cet effet que le marché s'y tienne à l'avenir le mardy et le vendredy de chaque semaine dans la halle qui sera bâtie incessamment, et qu'il y ait aussi une Foire en chacun mois, le premier jour de lundy. »

La place Médisance qui existe toujours au bas de la rue de la Rampe, entre la Grand'Rue et la rue du Bras-d'Or, aujourd'hui rue Suffren, était anciennement le rendez-vous des flâneurs de la ville, des commères du quartier qui s'y rencontraient pour jaser, bavarder, jacasser à tort et à travers ; c'est là que tous les matins venaient se colporter les propos malicieux ou médisants sur le prochain, se raconter les évènements plus ou moins scandaleux de la veille, d'où lui est venu et lui restera longtemps encore malgré qu'elle ait été débaptisée, le nom de *Place Médisance*. C'est sur cette place, au pied de la fontaine qui s'élevait jadis au milieu, qu'au plus fort du marché, se faisaient au son du tambour, par le ministère d'un huissier, assisté de ses deux témoins, les publications, tant en français qu'en breton, des arrêtés de la communauté de la ville. C'est vers cette même époque que se formèrent aussi à Brest plusieurs corporations : celle des perruquiers, des cordonniers, des tailleurs, des serruriers, des procureurs, des *chaircuitiers*, des orfèvres, des marchands, etc.

Toutes ces corporations étaient fort tracassières, et nous allons en voir plus d'un exemple.

La corporation des perruquiers à Brest, était une des plus anciennes.

Indépendamment des perruquiers, il y avait aussi des coiffeuses chargées du soin de coiffer les dames, mais elles ne formaient pas de corporation ; elles exerçaient librement leur état. Les perruquiers possédaient seuls le droit d'élever soit à Brest soit à Recouvrance, des maisons de bains publics, et nul ne pouvait, sans leur autorisation, créer un établissement de ce genre dans la ville. Or, Brest, en 1776, n'avait pas de maison de bains.

Heureusement que les habitants de la ville ayant la mer à leurs pieds, pouvaient, de temps à autre, aller s'y plonger et faire des immersions salutaires, plus ou moins prolongées, pour le plaisir, la propreté ou la santé.

Un habitant de la ville, désirant installer des cabinets de bains publics réclamés par toute la population, fut obligé, comme il n'était pas maître perruquier, d'acheter l'autorisation de la corporation. C'était un sieur Courtois, musicien de la marine qui, à la sollicitation de plusieurs officiers, conçut l'idée de cette création. C'est le premier établissement de bains qui ait existé à Brest, et il existe encore dans la rue du Château.

A l'époque dont je vous parle, les échoppes des perruquiers de Brest ressemblaient peu à ce que sont aujourd'hui les salons de nos coiffeurs. Combien il y a loin de ces échoppes anciennes, basses et enfumées, éclairées le soir par une chandelle, à ces appartements d'à présent éclairés au gaz, et où le client, en attendant son tour, peut se livrer à la lecture des journaux illustrés.

Les cordonniers, eux aussi, avaient leur corporation, et St-Crépin en était le patron.

Seuls les cordonniers qui étaient reçus maîtres et qui avaient boutique, avaient le droit de vendre ; mais ils avaient à peine de quoi vivre à cause de la grande concurrence que leur faisaient les ouvriers en chambre, et aussi le bagne où se confectionnaient des chaussures qui se vendaient dans la ville. Il se passa même, un jour, à ce sujet, une scène des plus burlesques. Les prévôts des cordonniers, ayant eu connaissance que des forçats portaient chez des habitants de Recouvrance des chaussures confectionnées au bagne, s'élancèrent à leur poursuite, et, en pleine rue, se jetèrent sur eux pour saisir l'objet du délit. Les forçats, attaqués à l'improviste, résistèrent, une lutte s'engagea, le garde-chiourme, qui les accompagnait, prit fait et cause pour eux; tous tombèrent sur les cordonniers et les forcèrent à fuir. Une plainte fut portée immédiatement à l'Intendant par la corporation des cor-

3

donniers avec la demande qu'on ne travaillât plus au bagne pour les habitants. L'Intendant ne donna aucune suite à leur réclamation et les forçats continuèrent à faire des chaussures et à les vendre aux habitants.

La corporation des cordonniers se croyait autorisée à se faire justice elle-même en se basant sur les statuts, constitutions et maîtrises accordés sous le règne de Louis XIV, en 1713 et en 1715. « Et parce que plusieurs personnes qui n'ont aucun privilège du dit état, peuvent porter journellement toutes sortes de marchandises sous leurs manteaux ou sous leurs casaques, dans les maisons où ils feront le débit d'icelles, même quelques-uns des marchands de la dite communauté, pourraient porter leur dite marchandise les jours de Fêtes et Dimanches, à quoi les Prévôts ne pourraient apporter aucun ordre, puisqu'ils n'auraient pas toujours des sergents avec eux à leurs suites pour saisir et arrêter les dites marchandises, pour à quoi survenir et apporter ordre, sera permis tant à chacun des dits maîtres élus, qu'à leurs prévôts et autres, d'arrêter en l'absence des dits sergens, toutes sortes de marchandises qu'ils trouveront portées vendre aux maisons de la ville et faux bourgs de Brest, par toutes sortes de personnes, y appelant deux voisins, et les séquestrer aux mains des dits voisins du lieu où elles seront arrêtées, et en avertir les prévôts, à ce qu'ils aient à les faire représenter en justice, et se pourvoir contre les propriétaires des dites marchandises, pour en faire ordonner la confiscation, et telle amende qu'il sera jugé appartenir. »

Le corps des marchands était lui-même d'un

despotisme sans égal vis-à-vis des ouvriers qui employaient les marchandises ; c'est ainsi que les tapissiers sous prétexte de faire des ameublements et des garnitures de lits pour le service du public, ne pouvaient vendre tant en boutiques ouvertes qu'en chambres, catelonnes, mocades, tapisseries, droguets, franges et autres marchandises qui n'étaient pas de leur ouvrage, sous peine de confiscation des dites marchandises, et de cent livres d'amende. Les brodeurs ne devaient pareillement vendre ni satin, ni velours, ni damas. Les lingères elles-mêmes ne devaient avoir dans leurs boutiques ou chambres que les marchandises pour leur ouvrage de main et d'industrie, ou qui leur auraient été baillées par les marchands de la communauté.

Les différents corps de métiers, artistes et artisans profitaient strictement de tous les privilèges de la maîtrise. Aussi en 1777 la ville commença à ressentir les effets de l'édit de la suppression ; plusieurs émigrants y cherchaient des moyens d'établissement, soit par des spéculations réfléchies, soit par d'autres motifs d'encouragement.

La corporation des orfèvres qui avait pris Saint-Eloi pour patron, ne se montrait pas moins que celle des perruquiers et des cordonniers jalouse de ses droits et de ses prérogatives. Cette corporation était d'ailleurs composée d'hommes très bien placés dans la société brestoise d'alors et dans le commerce brestois. Pour preuve de ce que j'avance, voici une relation résultant d'un extrait des registres de cette corporation : « Le 5 mai 1772, S. A. le duc de Chartres était attendue à Brest. Les orfèvres de la ville se fondant sur ce que les orfèvres de Paris portaient toujours le dais aux entrées solennelles des rois, et les complimentaient ordinairement, réclamèrent l'honneur de porter le dais à l'entrée du prince. L'un des membres influents de la corporation des orfèvres se rendit à l'hôtel de ville, près du maire, pour lui communiquer l'article des statuts qui leur conférait ce droit. Le maire lui demanda du temps pour répondre. La veille du jour de l'entrée du prince, à dix heures du soir seulement, il le fit prévenir que quatre échevins porteraient le dais. Dès le lendemain matin le délégué de la corporation des orfèvres ne se regardant pas comme battu, se rendit de nouveau à l'hôtel de ville, demandant comme marguillier de Saint-Louis que le dais fut porté par deux échevins et deux orfèvres, ou bien qu'ils se remplaçassent tour à tour. Les membres de la communauté de ville présents décidèrent que les orfèvres le porteraient seuls. A l'heure désignée pour aller au devant du prince, quatre orfèvres se saisirent du dais, et déjà ils étaient sur le perron de l'église, avec tout le clergé, lorsque des valets de la ville les arrêtèrent, leur arrachèrent le dais des mains, d'après l'ordre de la communauté de la ville, malgré la convention du matin.

Les orfèvres obligés de céder à la force se retirèrent. Quatre officiers municipaux s'emparèrent alors du dais et se rendirent triomphalement au devant du prince qui refusa cet honneur. Les officiers municipaux prétendaient que les droits des orfèvres leur étaient inconnus, et qu'au reste ils ne leur avaient pas été communiqués légalement. Comme on le voit, on en arrivait assez facilement aux mains dans ce temps-là.

Comment, d'ailleurs, l'accord parfait aurait-il pu exister entre les membres de toutes ces corporations marchandes puisque dans la société brestoise, et même parmi les officiers et les employés du gouvernement cet accord n'existait pas. Jusqu'à la Révolution, les officiers du *Grand-Corps* avaient tenu le haut du pavé. Ne lisons-nous pas dans Cambry que « les habitants de Recouvrance étaient traités par les Brestois avec une rudesse, une supériorité qui tenaient du mépris. La société de Brest offrait au spectateur une grande variété, une gravité pleine de morgue chez le commandant, chez l'intendant, chez les grands officiers de la marine. Madame l'intendante avait une cour assidue, sa place, sa fortune lui donnaient forcément une prépondérance qu'on supportait avec impatience. La femme d'un commissaire de marine n'était pas vue par les femmes du *Grand-Corps*; elle était obligée de se choisir un cercle parmi les officiers du port, les lieutenants d'infanterie pauvres et délaissés ; elle accaparait aussi quelques vieux capitaines de vaisseau pour son whist et pour le souper, comme madame l'intendante.

» Les ingénieurs et les commissaires de la marine rivalisaient, se disputaient la supériorité des grades subalternes; les femmes entraient fortement dans la querelle ; les uns faisaient valoir l'importance de la comptabilité ; les autres, leurs talents, leurs études et les prétentions de génie. Les négociants, les marchands, les bourgeois étaient sans cesse en garde et sur la défensive. Des espiègleries de tout genre, des nasardes, des rebuffades chez eux, dans leur comptoir, à leurs boutiques, au spectacle, étaient le passe-temps d'une jeunesse indisciplinée, sans règle, sans mesure, qui s'attachait à les persécuter. »

Brest, cependant, commençait à devenir une des villes importantes du royaume. Son éclairage n'était pas régulièrement organisé, c'est vrai, bien que d'après un édit du Roi, du mois de juin 1694, donné à Marly, des lanternes devaient être allumées à commencer du 20 octobre, jusques et y compris le 30 mars, et posées de cinq à six toises l'une de l'autre, et de manière qu'elles se trouvassent directement au milieu des rues. Pendant les sept autres mois de l'année on comptait sur la lune pour éclairer la ville. On comptait même trop sur cet astre capricieux et folâtre, car trop souvent Phébé la blonde persistait à ne pas répondre à l'appel qu'on lui faisait.

Mais, en 1777, la ville se procura dix-huit reverbères qui furent fournis par Vincent Omnès, au prix de 879 livres 3 sous, et Riou-Kerhalet, entrepreneur de l'huile fine pour ces reverbères, reçut 1,076 livres 7 sous. Aujourd'hui l'éclairage de la ville comporte 964 becs de gaz.

Cinq ans après, la Communauté se décida à acheter six pompes qu'elle fit venir de Paris et trois cents seaux de cuir qu'elle fit venir de Quimper.

Brest avait des pompiers ; Brest allait devenir une grande ville !...

Après avoir rappelé ces vieux souvenirs, après avoir dit ce qu'était Brest au commencement de son existence, ce qu'il est progressivement devenu, je veux essayer aujourd'hui de donner au touriste qui vient visiter ce point important du Finistère, quelques indications qui ne lui seront pas inutiles, peut-être, pour y employer fructueusement ses loisirs.

C'est un peu après Landerneau que le voyageur venant de Rennes par chemin de fer, entre dans l'arrondissement de Brest. La ligne cotoie la route et le charmant cours d'eau de l'Élorn. A Landerneau, elle passe sur la rive droite, et arrive, onze kilomètres plus loin, au parc de l'anse de Kerhuon qu'elle franchit sur un beau viaduc. A partir de ce point, jusqu'à l'arrivée à Brest, on a presque constamment sous les yeux le magnifique panorama de la rade. Enfin, à huit kilomètres de Kerhuon, se trouve la gare de Brest, située elle-même à quarante-trois mètres au dessus du niveau de la mer. Construite en briques, elle n'a rien de monumental, mais son admirable position, au sortir d'une tranchée profonde et à portée de belles et larges rampes d'un accès facile qui la relient au Port de Commerce rachète ce que son architecture peut avoir de trop mesquin. La gare se trouve également à quelques pas du magnifique boulevard que l'on vient d'ouvrir et qui a reçu le nom de boulevard Gambetta. Ce nouveau boulevard, extra-muros, qui domine la gare et ses squares, la rade, l'entrée de la rivière de Landerneau, vient tout récemment d'être livré à la circulation ; planté de jeunes arbres dans toute sa longueur, il est déjà la promenade favorite des brestois. Lorsque les arbres auront acquis leur entier développement et qu'ils se couvriront de feuillage, ce boulevard deviendra, à n'en pas douter, une promenade rivale du Cours Dajot.

On communique directement de la gare à la ville par la porte Foy.

Nous avons franchi rapidement les stations de Landerneau et de Kerhuon, nous aurons occasion d'y revenir lorsque nous ferons des excursions dans les environs de Brest.

La ville possède quatre cures du culte catholique : Saint-Louis, Notre-Dame du Mont-Carmel, Saint-Martin, Saint-Sauveur (côté de Recouvrance). — Il y a à Brest un temple protestant situé rue d'Aiguillon, n° 4.

Église des Carmes ou Notre-Dame du Mont-Carmel. — Dès le commencement du XVIe siècle, on voyait dans le faubourg de la ville de Brest, une petite église dédiée à St-Yves.

St-Yves est un saint breton. Ornement de son siècle, il était avocat, père des pauvres veuves et des orphelins, le patron universel de la Bretagne-Armorique, mais spécialement de l'évêché de Tréguier, dans le diocèse duquel il naquit au manoir de Ker-Martin, en la paroisse de Menchi, le 17 octobre 1253.

> Quand les Bretons voyaient passer dans la campagne
> Saint-Yves revêtu de son grand manteau gris,
> Ils se disaient que Dieu l'avait mis en Bretagne
> Pour défendre des grands les faibles, les petits.
>
> A son nom s'éveillaient, sur leurs couches funèbres,
> Des enfants dont la mère avait fermé les yeux ;
> Les marins l'invoquaient au milieu des ténèbres,
> Et leurs barques passaient les brisants périlleux.

Ces vers sont extraits d'un chant écrit par M. Joseph Rousse pour l'inauguration du nouveau tombeau de St-Yves à Tréguier.

On suppose que la petite église de St-Yves qui s'élevait dans la rue qui portait ce nom, nom qu'elle a conservé jusqu'à présent, avait été bâtie à la fin du XIV⁰ siècle, ou au commencement du XV⁰. Elle existait donc depuis plus de deux siècles, lorsque en 1650, des religieux de l'ordre des Carmes sollicitèrent l'autorisation de venir à Brest établir un couvent de leur ordre. Cette autorisation leur fut accordée par délibération du 17 août 1651, à condition qu'ils bâtiraient *une Chambre, proche le couvent, pour servir d'Hôpital pour les pauvres nécessiteux de la ville.* On appela d'abord ces Carmes, *Carmes barrés*, parce qu'ils portaient des manteaux rayés de noir ; plus tard, ils prirent le nom de *Carmes déchaussés*.

Fort ancienne et presque en ruines, l'église de St-Yves fut rebâtie en 1718, sur les dessins de M. Robelin, directeur des fortifications de Bretagne, et on prit l'habitude de l'appeler l'église des Carmes. L'emplacement où s'élève maintenant la Halle était à cette époque un superbe jardin à terrasses, avec un puits au milieu. Ce jardin appartenait aux Carmes. Dans son architecture, l'église des Carmes n'offre rien de remarquable. Une seule chose mérite une mention particulière à cause de son ancienneté : c'est un petit monument placé jadis au dessus de la porte d'entrée, et maintenant descendu dans un des bas-côtés, dans la travée à droite en entrant.

Ce monument, beaucoup plus ancien que l'église actuelle (il date du XVI⁰ siècle), et qui provient sans aucun doute de l'antique chapelle de Saint-Yves, démolie en 1718, est une petite statue en pierre de Kersanton, représentant un saint assis dans un fauteuil. Il est vêtu d'une large robe à capuchon et à grandes manches serrée à la taille ; sur ses genoux se voit une bourse dont il tient en mains les cordons. La tête est coiffée d'un bonnet de docteur. Malheureusement, cette tête est moderne. La statue ayant été décapitée à la Révolution, un sculpteur du pays en a refait, il y a quelques années, une en tuffeau, à peu près sans doute, car il ne reste aucune tradition sur cette statue. Sur les côtés du fauteuil se voient des écussons armoriés, portant un croissant surmonté d'une molette à six branches. La statue et le fauteuil sont supportés sur un cube de Kersanton. Au dessous est une espèce de cul-de-lampe sculpté, couvert d'ornements, sur le devant duquel, dans un cartouche, est gravée en creux l'inscription suivante :

P. : QVILBIGNON
MIL : V : XXX IIII
FIST : FAIRE : LIMAGE.

P. Quilbignon
mil cinq cent trente-quatre
fit faire l'image.

Cette statue représente très probablement Saint-Yves, l'avocat des pauvres et toujours si charitable envers eux, car ainsi que le dit un hymne, fort ancien, conservé à sa gloire :

<blockquote>
Sanctus Yvo erat Brito
Advocatus et non latro,
Res miranda populo !

Saint-Yves était breton,
Avocat et pas larron
Chose rare, se dit-on !
</blockquote>

La malice populaire perce bien dans cette strophe.

Depuis 1718, l'église des Carmes a éprouvé peu de changements. Avant la Révolution, on y voyait deux autels, placés, celui de gauche, sous l'invocation de N.-D. des Grâces, patronne de la confrérie de Notre-Dame du Mont-Carmel ; celui de droite, dédié à Saint-Crépin. Le premier est toujours dédié à Notre-Dame, mais le second a maintenant pour patron St-Joseph.

Le couvent des Carmes devint une caserne en 1791.

En 1857, l'église des Carmes fut érigée en cure et prit le nom de Notre-Dame du Mont Carmel.

EGLISE SAINT-LOUIS. — Cet édifice fut commencé en 1692 ; on y célébra le service divin longtemps avant son achèvement. C'est en 1740, le 30 avril, que la ville de Brest prit possession définitive de l'église paroissiale de Saint-Louis, pour la somme de cinquante mille livres, payée aux Jésuites qui lui en disputaient la propriété depuis quarante-quatre ans.

L'emplacement de l'église Saint-Louis, la place du marché, et les petites places au pain et au beurre, jusqu'à la Grand'Rue, était anciennement une métairie nommée Troncjoly, qui appartenait au sieur Thomas Le Mayer qui la céda au Gouvernement en 1685. (Lettres patentes du Roi Louis XIV des 15 mars et 18 avril de la même année.)

En 1689, Seignelay avait fait prendre en Afrique parmi les belles ruines antiques dispersées sur la plage de Lebedah, plusieurs colonnes de marbre cippolin. Le 13 avril 1742, M. Bigot de la Mothe, intendant, demanda au ministre Maurepas et obtint que la gabarre la *Colombe* apportât de Honfleur, sans frais pour la ville de Brest, où elles arrivèrent le 24 mai suivant, quatre de ces colonnes. Elles étaient destinées au maitre-autel de l'église Saint-Louis.

Ces colonnes d'une pierre dont les carrières se trouvaient en Égypte et qui n'y sont plus connues, sont susceptibles du plus beau poli; d'une seule pièce, et ayant 7 mètres 14 de hauteur, elles reposent sur des piédestaux, également en marbre, et sont décorées de chapiteaux en bois doré. Elles soutiennent une riche corniche semi-circulaire supportant elle-même une belle gloire surmontée d'un gracieux baldaquin. C'est en 1758 que furent placés le maître-autel, les fonts baptismaux et les colonnes apportées de Honfleur. L'autel de marbre rose, tiré comme celui des fonts baptismaux des carrières de la Sarthe, est à la Romaine et fort élégant.

Des deux côtés du chœur se dressent les statues de Charlemagne et de St-Louis.

Informé du désir qu'avaient des personnes pieuses de Brest de placer dans l'église les statues de ces deux rois, le ministre des cultes Portalis fit savoir le 13 mai 1805, que l'empereur avait autorisé l'exécution de ce projet.

« S. M. — disait-il, — en autorise l'accomplissement; elle a décidé quant à ce qui concerne la statue de Charlemagne, qu'afin qu'elle soit digne de son objet, et autant perfectionnée que possible, on emploierait pour cette statue les fonds nécessaires pour les deux; qu'à l'égard de la statue de Saint-Louis, S. M. s'en chargerait elle-même et donnerait des ordres pour la faire élever à ses frais. »

Vers la même époque, la concession à l'église Saint-Louis de divers objets ayant appartenu à d'autres temples chrétiens, vint augmenter ses richesses. Tel fut le tableau de Bounieu, représentant le martyre de Sainte-Félicité et de ses sept enfants, qui ornait autrefois le maître-autel de l'église des Sept-Saints ; les stalles du chœur, en chêne sculpté, provenant, dit-on, de l'abbaye de Landévennec ; l'autel de la seconde chapelle, à gauche du chœur (celle de Saint-Corentin), qui appartenait à la chapelle du couvent des Dames de l'Union Chrétienne ; enfin, le baldaquin qui surmontait le maître-autel de cette chapelle et qui est aujourd'hui placé au dessus des fonts baptismaux.

Voici ce que représente le tableau peint par Bounieu : Sainte-Félicité, fut comme on le sait, martyrisée dans une des villes de la Mauritanie, sous le règne d'Alexandre Sévère. Elle exhorte ses fils à mourir chrétiennement ; sa foi la rend courageuse, mais sa tendresse maternelle donne à son visage l'expression de la douleur.

Elle occupe le centre de la composition. Autour d'elle sont ses enfants, les uns déjà morts, d'autres succombant sous les coups, ceux-ci enfin attendent le supplice. Les bourreaux et les soldats romains relient entre elles ces diverses figures.

A gauche de la toile, un peu plus loin que le principal personnage, s'élève une estrade d'où le préfet de la ville, Publius, assis entre ses deux assesseurs, préside à cette cruelle exécution. Une colonnade d'ordre ionique, représentant la face latérale d'un temple, forme le fond de la droite du tableau ; au de-là, et vers le milieu, un pont à plusieurs arches est jeté sur un cours d'eau, puis, en arrière, une haute muraille couronnée de peupliers. Le lointain, très indécis, laisse deviner une agglomération d'édifices.

Sur le pilier plus bas du même côté, se voit la Sainte-Famille, d'après Raphaël. En face : La naissance de Saint-Jean-Baptiste.

Deux autels se trouvent dans les bas-côtés de l'église ; l'autel de la Vierge et l'autel des Saints Anges. Autels à la romaine, le premier d'ordre ionique, le second d'ordre dorique.

De beaux vitraux coloriés représentant l'histoire de St-Louis, ont été fabriqués dans les ateliers de la maison Lobin, de Tours.

On remarque aussi dans l'église, d'élégants confessionnaux en chêne, sculptés par MM. Lapierre et Tritschler. Derrière le chœur, à droite et à gauche, sont deux monuments funéraires, consacrés l'un à la mémoire de du Couëdic, l'autre à Mgr Graveran, évêque de Quimper et de Léon, mort à Quimper le 1er février 1855. La table de marbre noir, commémorative de l'héroïque commandant de la *Surveillante* n'est point le monument qui lui avait été élevé lorsqu'il mourut, le 7 janvier 1780. Son corps fut alors déposé dans un caveau derrière et au pied du pilier de droite du maître-autel.

Le roi pour perpétuer la mémoire de ce brave officier, ordonna qu'on érigeât sur sa tombe un monument dont M. Trouille, ingénieur, traça le plan.

Il se composait d'un tombeau de marbre noir, surmonté d'une pyramide dont les inscriptions et les ornements étaient en bronze doré. Ce monument qui avait cinq pieds trois pouces de hauteur, sur trois pieds trois pouces de largeur, fut appliqué contre le pilier au dessus du caveau. Une inscription, éloquente de simplicité, mentionnait le combat de la *Surveillante*. A la base de la pyramide était un écusson aux armes de du Couëdic. Louis XVI, afin que ce monument fut à la fois un honneur pour la marine et un enseignement pour ceux qui s'y destinaient, fit graver sur la face de la pyramide ces mots : « Jeunes élèves de la marine, imitez l'exemple du brave du Couëdic, premier lieutenant des gardes de la marine, »

Malgré la sainteté du lieu où avait été élevé ce monument national, des forcenés osèrent le mutiler en 1793. Les habitants, protestant contre cette profanation, s'unirent au corps de la marine, pour demander à plusieurs reprises la permission de le remplacer à leurs frais. Le gouvernement ayant accédé à leurs vœux, M. le préfet maritime Caffarelli fit appliquer en grande pompe une table de marbre noir, surmontée d'une pyramide et portant l'inscription suivante : « Ici repose le corps de M. Charles du Couëdic de Kergoualer, militaire décoré, capitaine de vaisseau, mort le 7 janvier 1780, des blessures qu'il avait reçues dans le combat mémorable qu'il a rendu, le 6 octobre 1779, commandant la frégate de l'Etat la *Surveillante*, contre la frégate anglaise le *Québec*.

Ce monument, posé pour honorer un brave guerrier, fut mutilé dans des temps malheureux ; les habitants du Finistère, pleins de respect pour l'armée navale et pour la mémoire de du Couëdic, l'ont fait restaurer en l'an XIII. »

En 1814, sur la demande de M. de Marigny, cette inscription a été remplacée par l'inscription primitive ainsi conçue : « Ici repose le corps de messire

Charles-Louis du Couëdic de Kergoualer, chevalier de l'ordre royal et militaire de Saint-Louis, capitaine des vaisseaux du roi, né au château de Kerguélenen, paroisse de Pouldregat, diocèse de Quimper, le 17 juillet 1740, mort le 7 janvier 1780, des suites des blessures qu'il avait reçues dans le combat mémorable qu'il avait rendu, le 6 octobre 1779, commandant la frégate de Sa Majesté la *Surveillante*, contre la frégate anglaise le *Québec*.

« Ce monument a été posé par ordre du roi pour perpétuer la mémoire de ce brave officier. »

L'autre monument érigé en l'honneur de Mgr Graveran est en marbre blanc et de style Renaissance. Il est dû au ciseau de M. Poilleu, aîné, et se compose d'un stylobate orné des armes du défunt, entourées des insignes de sa dignité, avec cette devise : Verbum crucis Dei virtus. Il est soutenu par un cul-de-lampe en feuilles d'acanthe, et surmonté d'un obélisque sur la face duquel se voit en bas-relief le portrait du vénérable prélat vu de profil. Au dessus de ce portrait on lit : D. O. M.

Et au dessous :

Hic ad suos redux quiescit amans cor
Illustriss. et reverendiss. Domini
J^{hi} M^{ie} Graveran,
Corisop. et Leon. Episcopi.

Hanc pie pastor bonus annis XIV
rexit ecclesiam
In finem dilexit redamantes in finem,
Congenito, Crozone genitus, parochus erexit.

Une simple croix termine l'obélisque. Le monument couvre une petite niche pratiquée dans le mur et renfermant une boîte en plomb, laquelle contient le cœur du prélat, concédé d'après le vœu exprimé par lui à l'église qu'il avait gouvernée pendant quatorze ans avant son élévation à l'épiscopat. Cette concession a donné lieu, le 15 janvier 1855, à un service solennel suivi du dépôt du cœur de Mgr Graveran, que M. Mercier, son neveu et son successeur, avait rapporté de Quimper.

Commencée en 1692, l'église Saint-Louis vit élever son portail jusqu'au dessous des voûtes qui supportent le buffet d'orgues, en 1758, par les soins de l'entrepreneur Jaffrey, sur les plans et sous la direction de M. Frézier.

La façade de cette église, avec la tour qui la surmonte, présente un aspect bizarre.

A gauche et à droite de la principale porte d'entrée, se lisent deux inscriptions commémoratives du commencement et de l'achèvement de l'église.

Celle de gauche est ainsi conçue :

Ludov. XIV et urbis Bresti munificentiâ
Inceptum hoc ædificum
anno M. D. CXCVII
Stetit imperfectum per multos annos.

Voici l'inscription de droite :

> Regnante Ludovico Napoleone III
> Peractum opus anno MDCCCLXI
> magistratum habente H^te Bizet,
> parocho J^no M^ia Mercier, archip.

Ces deux inscriptions sont surmontées des armes de la ville.

Les armes de Brest adoptées en 1683, par délibération du 15 juillet, rappellent l'union de la Bretagne à la France : mi partie de France à trois fleurs de lis d'or, mi-partie de Bretagne, d'argent semé de mouchetures d'hermines de sable.

Entre les deux tables qui portent les inscriptions, est un cartouche en tuffeau, sculpté par M. Poilleu, d'après un dessin de Frézier et contenant ces mots : Domus Dei et Porta Cœli.

Dans le tympan, le monogramme formé des lettres S L entrelacées, tient la place qu'occupaient avant la Révolution, les armes de la maison de Bourbon.

Deux grandes statues en tuffeau, l'une de Saint-Pierre, l'autre de Saint-Paul occupent les niches pratiquées dans la façade, à gauche et à droite du portail.

Des quatre cloches que possède l'église Saint-Louis, la plus grosse, ou bourdon, pesant 3.500 kilogrammes, se nomme *Marie-Alexandrine*, et porte pour inscription : Vox Domini in magnificentiâ.

La seconde, du poids de 850 kilogrammes se nomme *Marie-Emma*, et porte la même inscription.

La troisième, pesant 600 kilogrammes, nommée *Joséphine*, porte pour inscription : Laudate cum in tympano.

La quatrième enfin, du nom de *Félicité*, porte pour inscription : In tympano psallant ei. Elle pèse 500 kilogrammes.

Les orgues de Saint-Louis possèdent un magnifique buffet digne d'être remarqué. Ces orgues sont dues au frère Florentin, Carme. Elles coûtèrent à la fabrique 80.000 livres en argent, plus une rente de 250 livres qui fut constituée au profit de ce carme.

Elles viennent d'être récemment restaurées en 1887, par MM. Stoltz, frères, de Paris.

L'instrument, dont le magnifique buffet a été seulement conservé, se compose de 45 jeux réels, trois claviers à mains, un pédalier complet, seize pédales de combinaisons, 2.672 tuyaux.

Le 10 nivôse (30 décembre 1793) la fête de la déesse de la Raison fut célébrée à Brest ; or, ce jour-là l'église St-Louis fut transformée en Temple de la Raison. Jean-Bon-St-André député à la Convention, alors en mission à Brest, monta dans la chaire et y peignit les prêtres comme des apôtres de la superstition se jouant de la crédulité du peuple.

L'effet de son discours fut instantané, à peine l'orateur était-il descendu de la chaire qu'une foule frénétique lacérait les tableaux et brisait la chaire elle-même, œuvre d'art justement estimée.

ÉGLISE DE SAINT-SAUVEUR. — De 1667 à 1749, les habitants de Recouvrance n'avaient pour célébrer le culte divin qu'une humble chapelle dédiée à Saint-Sauveur, qui dès l'année 1719 demandait de grandes et promptes réparations. Lorsque l'église actuelle de Saint-Sauveur fut terminée de 1749 à 1750, elle fut érigée en cure et église paroissiale. A la Révolution, quand cette église fut fermée, on procéda à l'enlèvement des statues qu'elle possédait. Elle n'offre rien de très remarquable à signaler à l'attention des visiteurs.

EGLISE DE SAINT-MARTIN. — Cette église dédiée à Saint-Martin, l'apôtre de la Touraine, est de construction récente, puisque c'est en 1864 qu'elle a été érigée en paroisse de Brest. Comme une belle et svelte adolescente qui n'a encore pour toute parure que sa jeunesse et sa fraîcheur, l'église de Saint-Martin, à peu près dépourvue des ornements ordinaires qui font la richesse et la splendeur de nos temples chrétiens, attend les tableaux, les statues, les peintures qui doivent l'embellir à l'intérieur et relever l'élégance de son architecture. Cela viendra avec le temps. En attendant, c'est une belle, vaste, magnifique, imposante église, dans la construction de laquelle le granit n'a pas été épargné. Il convient toutefois de citer les beaux vitraux coloriés des bas-côtés de l'église qui représentent les scènes des quatorze stations du Chemin de la Croix, ainsi que les vitraux de ses autels et deux belles grandes rosaces.

LE PONT. — Avant d'avoir le pont gigantesque qui relie la rive de Brest à celle de Recouvrance, la communication entre ces deux cités se faisait au moyen de bateaux en nombre plus ou moins suffisant pour assurer le passage des piétons, des bestiaux et des denrées. On payait un droit de passage : deux liards. Ce droit était minime, et cependant le mouvement de circulation était tel que ce droit avait fini par être affermé plus de 30.000 francs par an. Non seulement ce service de bacelage n'était pas sans inconvénient, il n'était même pas sans danger par les jours de mauvais temps ; c'est ainsi qu'un jour que les habitants de Recouvrance, leur clergé en tête, se rendaient à Brest pour se trouver à la procession du vœu de Louis XIII à laquelle ils étaient tenus d'assister, soixante d'entre eux se noyèrent par suite tant du gros temps que de la négligence des bateliers et du mauvais état des bateaux.

Les bateliers donnaient alors beaucoup de besogne à la police. Se jouant des règlements, ils se coalisaient, et pour réduire le nombre de leurs voyages, tout en les rendant plus fructueux, ils s'entendaient de façon qu'un seul d'entre eux, soit du côté de Brest, soit du côté de Recouvrance, tenait planche et chargeait avant que les autres bateliers reçussent personne dans leurs bateaux. Le public était ainsi à leur discrétion, et si quelqu'un voulait user d'un autre bateau, le passeur ne tenait aucun compte de sa demande. Bien souvent la charge normale du bateau était triplée, et celui qui pour se soustraire à cette surcharge, ou pour obvier au retard, faisait pousser, subissait un fret de 18 à 36 deniers suivant le caprice du batelier. Heureux encore quand il n'essuyait ni injures ni mauvais traitements !

L'arrêté du Conseil municipal de Brest du 12 fructidor an II (29 août 1794), défendait cependant à tous bateliers ou chalandiers de se permettre des menaces, ni des propos injurieux envers qui que ce fut. Malgré cet arrêté, les passagers étaient entièrement à la discrétion des bateliers.

Unique en son genre, le pont actuel, inauguré en 1861, le 23 juin, réunit malgré ses proportions colossales, le triple mérite de la situation, de la légèreté et de l'élégance. Il se compose de deux volées tournantes se réunissant au milieu du bassin et ayant leurs axes de rotation établis sur les sommets de deux tours ou piles de maçonnerie, construites sur les terrains des quais. A l'arrière des piles, ces volées se prolongent par deux culasses destinées à les équilibrer sur leurs centres de rotation. La portée de ce pont tournant est de 117 m. 05 du centre d'une pile à celui de l'autre. Les travées latérales formées par les culasses ont chacune 28 m. 60 de longueur. La longueur totale du pont entre les deux volées est de 105 m. 70, et celle de chacune des volées, conséquemment, de 52 m. 85. Le poids de chaque volée atteint l'énorme chiffre de 750.000 kilogrammes.

C'est ce poids que fait mouvoir la manœuvre de rotation du pont. Cette manœuvre s'exécute à l'aide d'un cabestan placé sur le tablier qui agit sur l'assiette de la rotation au moyen d'une transmission ordinaire de mouvements d'engrenages. Quatre hommes suffisent à cette manœuvre, et le temps nécessaire pour l'ouverture complète du pont et sa fermeture est d'environ vingt minutes.

Du milieu du pont, on jouit du spectacle le plus grandiose et le plus imposant.

Au nord, le port militaire, ses édifices étagés, ses vastes ateliers et ses magasins ; au sud, la magnifique rade de Brest, ses vaisseaux, et, au de-là, les terres lointaines de Lanvéoc, l'île Longue, Tréberon et l'île des Morts ; à l'ouest et à l'est les deux côtés de la ville groupée en amphithéâtre sur les collines, et que traversent ses rues.

A l'extrêmité du pont, du côté de Recouvrance, on remarque une tour isolée, nommée Bastide de Quilbignon, ou tour de la Motte-Tanguy. Cette tour appartient aujourd'hui à un propriétaire de la ville qui l'a disposée en appartements d'habitation.

En faisant les travaux d'appropriation à ce vieux monument féodal pour le rendre habitable, on a trouvé sous des terres et décombres, une pierre de Kersanton sur laquelle sont sculptées les armes d'Anne de Bretagne. L'écu de ces armes, carré dans le haut, mais arrondi et terminé en pointe par le bas, est semé de dix mouchetures d'hermine, disposées à peu près en quinconce, il est surmonté d'une couronne ouverte fleurdelysée, et entouré d'un cordon noué de très-gros nœuds. C'est sans doute le cordon de Saint-François d'Assise, que la reine Anne portait indépendamment de la *Cordelière*. Cette pierre surmontait très-probablement la porte de la tour.

Quelques écrivains attribuent l'origine de cette tour à Richard II, roi d'Angleterre, mais on ne peut faire que des conjectures à cet égard. La tour de la Motte-Tanguy fut vendue comme bien national, et depuis elle a été généralement appelée la tour Cabon du nom de son acquéreur. Jusque-là on l'avait appelée la tour de la Motte-Tanguy parce que ces seigneurs en avaient fait le siège de leur justice féodale.

Cours Dajot. — A proximité du pont, en longeant le boulevard et en traversant la place du Château, on arrive à la magnifique promenade, plantée d'arbres, qui domine la rade, et que l'on nomme Cours Dajot.

C'est en 1774 que ce cours fut planté.

Des carrières, des jardins, des champs en friche occupaient l'emplacement de cette promenade. A l'extrémité supérieure, et dans son prolongement vers le nord, là où est la poudrière, se voyait une vaste pépinière, appelée pépinière du roi, ce qui a fait donner au corps-de-garde du haut du cours, le nom de corps-de-garde de la pépinière.

Les travaux de remblais et d'aplanissement commencèrent dès le mois de juillet 1769, sur les plans arrêtés, le 21 de ce mois par M. Dajot, directeur des fortifications.

Pour l'embellissement de la ville, M. le comte de Roquefeuil, le chevalier d'Argens, commandant de la ville et du château, et M. Dajot firent à la Communauté la proposition de créer cette promenade.

La Communauté l'accueillit avec empressement. L'Intendant de la marine se joignit à eux en donnant des forçats pour aider les ouvriers qui étaient employés aux travaux de terrassements, et la Communauté vota, le 24 juin 1769, un crédit de 3,000 livres, applicable à ces travaux.

Un champ de Mars ou champ de manœuvres, pour les troupes de la garnison, fut établi à la suite de la promenade : c'est l'endroit où est la place du Château.

Deux statues en marbre blanc ornent la promenade du Cours Dajot. Toutes deux sont dues au ciseau du fameux sculpteur Coysevox, surnommé le Van-Dick de la sculpture, à cause de l'animation et de la finesse de ses figures.

Le 14 germinal an IX, le ministre Chaptal fit savoir qu'il mettait à la disposition de la ville de Brest, deux statues en marbre de Coysevox, retirées du Musée des monuments français. « L'une d'elles, — disait-il, — est un fleuve assis sur un cheval marin, et l'autre une rivière qui féconde la terre et provoque la végétation exprimée par l'amour enfant, tenant une corne d'abondance, arrosée des eaux qui coulent d'un vase sur lequel est appuyée cette figure. »

Le premier vendémiaire an X de la République Française eut lieu sur le Cours Dajot la pose de la première pierre de la statue de Coysevox, *L'Abondance réparant les maux de la disette.*

Le maire présenta à Caffarelli une boite en plomb, renfermant :

1° Une table de cuivre portant l'inscription suivante :

« Donnée par le Gouvernement à la ville de Brest.

Bonaparte, Cambacérès, Lebrun, consuls de la République.

Chaptal, ministre de l'Intérieur.

Rudler, préfet du Finistère.

La Pâquerie, sous-préfet de Brest.

Pouliquen, maire,

Guilhem, aîné, La Martinière, Le Breton, adjoints. »

Et sur le revers :

« La première pierre a été posée par le citoyen Joseph Caffarelli, conseiller d'Etat, préfet maritime à Brest, le 1er vendémiaire an X de la République Française. »

2° La constitution de l'an VIII.

3° Différentes pièces de monnaie au type républicain.

Le 18 brumaire suivant (6 novembre) eut lieu la pose, au haut du Cours Dajot, de la statue de Neptune. L'honneur de poser la première pierre fut déféré, cette fois, au lieutenant général Gravina, Commandant l'armée navale espagnole mouillée sur la rade. Le maire ayant remis un marteau à ce général et une truelle au vice-amiral Villaret-Joyeuse, ils assujettirent la pierre que Gravina avait posée, et sous laquelle il mit une boîte en plomb scellée et renfermant comme la précédente une table de cuivre.

Sur le droit se lisait la même inscription que sur la première, mais sur le revers étaient gravés les titres du général Gravina, et la date du 18 brumaire.

Au lieu de la Constitution, on avait renfermé dans la boîte les traités de paix conclus entre la République Française et l'Angleterre, la Russie, la Sublime-Porte et le Portugal.

Que dire du spectacle grandiose que l'on découvre du Cours Dajot, après Souvestre, l'écrivain enthousiaste du panorama splendide qui se déroulait devant lui et que sa plume élégante a su si poétiquement décrire ?

« Du haut du Cours Dajot la rade se présente comme un lac immense. Montez sur le parapet ; ces belles côtes qui étendent devant vous leurs lignes rougeâtres, toutes diaprées de genêts en fleurs et de quartz plus blanc que l'albâtre, sont les côtes de Plougastel ; plus loin apparaissent la rivière de

Châteaulin et les grèves de Crozon. Le tableau qui s'offre aux regards a deux aspects entièrement différents; à gauche, vers Landerneau, tout est calme, bleu et riant; les flots apaisés se dirigent mollement dans le golfe sinueux et vont se perdre dans la coulée ombreuse de l'Elorn, tandis que les barques de Kerhuon, mollement bercées au roulis, dorment aux pieds des promontoires ou glissent sur les ondes scintillantes. A droite, au contraire, tout est austère, immense et menaçant.

« C'est la mer avec sa couleur glauque, ses grandes vagues montueuses et son retentissement solennel. A l'horizon s'ouvre le goulet, semblable de loin à une porte gigantesque, dont le seuil est formé par l'Océan et le linteau par le ciel. Ça et là, des navires de guerre tout festonnés de leurs voiles à demi-carguées, et plus près du port, le lourd *Orion* (le *Borda*) pareil à une citadelle démantelée, élève au-dessus des eaux ses paisibles batteries et son pont couvert d'enfants qui regardent tour à tour l'Océan avec désir et la terre avec regret.

« Du reste, l'aspect que présente la rade de Brest varie à l'infini, selon l'heure du jour, la pureté plus ou moins grande de l'atmosphère, le calme ou l'agitation des flots. Mais elle offre surtout ce tableau merveilleux lorsque la brume couvre la mer; les navires apparaissent alors à travers le brouillard, confus, semblables aux ombres d'un rêve, et l'on croit les voir glisser dans les nuages comme de fantastiques visions.

« Le spectacle n'est pas moins étrange, le soir, lorsque la lune prolonge sur les flots ses longues traînées de lumière; alors, le murmure monotone de la mer, la brise de nuit qui souffle dans les arbres, le son des cloches qui marquent le quart à bord du bâtiment à l'ancre, mille rumeurs qui montent des anfractuosités du rivage, forment une sorte d'accord sauvage et harmonieux dont rien ne peut rendre la mélancolie douce et fascinante.

« On est pris d'une vague rêverie, et on resterait la nuit entière sur cette baie monumentale, pensif et à moitié endormi dans une extase délicieuse. »

Ce tableau, vrai à l'époque où écrivait Souvestre, s'est quelque peu modifié depuis, par l'établissement du port de Commerce et les maisons qui s'y sont élevées; il le sera bien davantage encore lorsque les digues projetées pour la création d'une rade de refuge pour les vaisseaux en temps de guerre, auront changé l'aspect de la baie de Lanninon.

Le Cours Dajot a inspiré plus d'un poëte, et l'un d'eux s'est écrié :

> O mon vieux Cours Dajot, que de fois à minuit,
> A l'heure où tout sommeille, où s'éteint chaque bruit,
> Quand la lame légère ou la quille tranchante
> D'un canot attardé qui regagne le port
> Fait jaillir dans les airs, en pluie étincelante,
> Les gouttelettes d'eau sous son rapide effort ;
> Quand un pâle rayon échappé d'un nuage
> Change la rade, ô Brest, en un immense écrin,
> Où perles, diamants, comme un brillant mirage,
> Passent pour reparaître et disparaître enfin :
> Que de fois, en suivant, seul, les sombres allées,
> Mes yeux ont vu passer, souvenir enchanteur !
> Les brillantes erreurs à jamais envolées
> De ces jours tout empreints de joie et de bonheur !...

Un long escalier à deux rampes en pierres de Kersanton conduit du Cours Dajot au port de Commerce et aux squares élégants qui y ont été plantés dans les terrains conquis sur la mer, dont les flots venaient baigner autrefois le pied des rochers mêmes sur lesquels sont assises les murailles du Cours Dajot.

PROMENADE DANS L'ARSENAL. — L'entrée principale de l'arsenal maritime se trouve au bas de la Grand'Rue. La longueur du port, d'une chaîne à l'autre, est de 2.550 mètres. Les officiers en uniforme et les personnes munies d'une carte qui y sont appelées pour leur service y entrent de droit. Les étrangers, pour visiter l'arsenal, doivent au préalable obtenir une permission qui leur est délivrée par le major général de la marine, dont les bureaux sont situés dans une des ailes du Quartier de la marine, en allant vers l'hôpital maritime.

L'entrée principale de l'arsenal n'a rien de monumental ; c'est une simple grille en fer aux deux côtés de laquelle sont placés les postes des gardiens et des gendarmes. Elle se trouvait autrefois un peu plus haut, dans la Grand'Rue, à droite en descendant.

Au mois d'août 1737, Santeuil avait écrit l'inscription suivante pour l'arsenal de Brest :

> Palais digne de Mars, qui fournis pour armer
> Cent bataillons sur terre et cent vaisseaux sur mer,
> De l'empire des Lys foudroyant corps-de-garde
> Que jamais sans pâlir corsaire ne regarde,
>   De Louis, le plus grand des Rois,
>   Vous êtes l'immortel ouvrage ;
> Vents, c'est ici qu'il faut lui rendre hommage,
> Mer, c'est ici qu'il faut prendre ses lois.

Tout porte à croire que cette inscription resta à l'état de projet. La porte de l'Arsenal était alors située à l'extrémité méridionale de la vieille salle d'armes, incendiée en 1832. Elle était à plein cintre et placée au milieu d'un mur qui traversait la largeur du quai. Dans le tympan du fronton, se voyaient deux écussons ovales et accolés aux armes de France et de Navarre. Ils étaient entourés des cordons de Saint-Michel et du Saint-Esprit, et accompagnés de deux branches de palmiers. Derrière et au dessus de toute l'ornementation était un ange aux ailes éployées, soutenant la couronne royale.

C'est en 1768 que l'on fit la porte d'entrée dans l'arsenal par la Grand'Rue. Cette dernière porte a été démolie en 1864, et c'est sur son emplacement qu'à été construite la chambre des appareils d'épuisement du nouveau bassin de Brest.

L'impression produite sur Michelet à la vue du port de Brest a fait dire à cet écrivain :

« *Brest, la pensée de Richelieu, la main de Louis XIV, la force de la France entassée au bout de la France, tout cela dans un port serré, où l'on étouffe entre deux montagnes chargées d'immenses constructions.* »

C'est bien là, en effet le port de Brest.

En entrant dans l'arsenal, on remarque au sud de l'esplanade du magasin général, la *Consulaire*, pièce de canon du poids de quatorze tonneaux, longue de sept mètres, et ayant environ cinq mille mètres de portée à toute volée. Elle fut fondue, en 1512, par un vénitien pour célébrer l'achèvement des fortifications du môle d'Alger, et le dey la fit braquer à l'une des embrasures de la pointe Pescade, d'où elle était dirigée contre les vaisseaux qui voulaient pénétrer dans le port. Le nom de *Consulaire* lui a été donné en mémoire du R. P. Levacher, missionnaire et consul de France près du Dey. Ayant été en parlementaire auprès de Duquesne, lors du bombardement d'Alger en 1682, il échoua dans sa mission. L'année suivante, Duquesne étant venu recommencer son œuvre de destruction, et ayant fait d'Alger un monceau de ruines, le P. Levacher expia l'insuccès de sa mission. Son corps, placé à la bouche de la pièce, fut mis en lambeaux, devenus ainsi des projectiles lancés contre l'escadre française.

La conquête d'Alger ayant fait tomber la *Consulaire* en notre pouvoir, le gouvernement de juillet décida que ce trophée ornerait un monument élevé dans le port de Brest.

La *Consulaire* repose sur un piédestal en granit veiné de Laber; ce sont des granits de la même carrière qui ont servi à faire les colonnes de la chapelle de l'hôpital de la marine et le piédestal de l'obélisque du Louqsor, à Paris.

Le monument de la *Consulaire* est entouré d'une grille en fer avec canons en fonte scellés dans sa fondation; les quatre faces du piédestal sont décorées de bas-reliefs en fonte. Les deux faces latérales présentent des trophées militaires et des attributs maritimes; celle qui regarde la mer figure la France apportant le commerce et la civilisation en Afrique; la quatrième opposée à la précédente, contient l'inscription suivante:

La *Consulaire*
prise à Alger le 5 juillet 1830
jour de la conquête de cette ville
par les armées françaises
L'A. B⁰ⁿ Duperré commandant l'escadre
érigée le 29 juillet 1833
S. M. Louis Philippe régnant
Le V. A. comte de Rigny ministre
de la marine
Le V. A. Bergeret, préfet maritime.

Un peu plus loin, en face de la porte d'entrée du Magasin général, et sur cette même place, se trouve la statue d'*Amphitrite*, érigée par le préfet maritime Caffarelli, en l'an XIII de la République Française.

Cette gracieuse statue envoyée sous le nom de Néréïde est l'Amphitrite sculptée par le célèbre statuaire Coustou pour orner la cascade de Marly. La ville de Brest la donna à la Marine en reconnaissance de ses services. La déesse est assise sur un dauphin, un petit génie couché à ses pieds s'appuie sur la tête du dauphin, il tient une coquille dans les mains.

DIRECTION DES MOUVEMENTS DU PORT. — En face de la pièce de canon, dite la *Consulaire*, se trouvent dans le premier pavillon du bâtiment du magasin général les bureaux occupés par la direction des Mouvements du port ; une tour quadrangulaire renferme l'horloge et la cloche sonnant pour les ouvriers, les heures d'entrée sur les travaux et celles de sortie.

MAGASIN GÉNÉRAL. — Ce vaste édifice renferme une partie des approvisionnements de la marine ; il a été construit ainsi que les bâtiments qui y font suite, ateliers de voilerie et de garniture, de 1744 à 1765, sur les plans de l'ingénieur Choquet de Lindu. La façade ne manque pas de majesté. La porte, fermée par une grille, est belle, elle est surmontée d'un fronton détérioré sous les coups d'un marteau ennemi des arts. Ce fronton bien sculpté représentait l'écusson de France, environné de tous les attributs de la marine.

CORDERIES. — La corderie basse date d'avant 1703. La corderie haute date de 1745 à 1749 ; elle fut bâtie sur les dessins de Choquet de Lindu. Tous les ateliers de fabrication des cordages ont été réunis dans la corderie haute, longue de quatre cents mètres environ. On y fait remarquer aux visiteurs une petite machine fort ingénieuse, due à M. Reech, ingénieur de la marine. Cette machine destinée à fabriquer les drisses en tresses, imite le mouvement d'une main d'homme ou de femme qui tresserait une corde.

La corderie basse est devenue le grand atelier de menuiserie de l'arsenal, et le magasin des meubles destinés aux bâtiments quand ils prennent armement.

ANCIEN BAGNE. — Ce fut également sur les plans de l'ingénieur Choquet de Lindu que le bagne fut construit en 1750-1751.

Ce vaste édifice, long de deux cent cinquante-quatre mètres, composé d'un pavillon central et de deux ailes terminées elles-mêmes chacune par un pavillon, pouvait renfermer environ trois mille galériens, logés dans de grandes salles disposées de façon à prévenir toute évasion, toute tentative de révolte. L'évacuation complète du bagne de Brest a eu lieu en 1858, par suite de la suppression générale des bagnes. Cette suppression a été un bienfait, car forçats et ouvriers étaient confondus sur les travaux dans l'arsenal.

L'arrivée de la chaîne des forçats à Brest était l'objet d'un spectacle attristant, mais qui n'en excitait pas moins toujours la curiosité d'une population avide d'émotions. Une foule immense assistait à cette opération.

Arrivées dans l'enclos de l'hospice, les chaînes étaient placées sur une ligne, et là, en présence des autorités maritimes, on procédait à la confrontation et à la preuve de l'identité des condamnés avec les extraits des jugements ; on les faisait asseoir dans une vaste cour où on leur distribuait une ration de vin. On procédait ensuite au déferrement, opération vraiment effrayante, à cause des dangers réels que couraient les condamnés. On ne pouvait sans frémir voir couper ces colliers de fer, que tous les condamnés portaient au cou. Le forçat, assis, posait la tête sur un billot, et là un ciseau à froid, frappé par une massue, chassait le boulon rivé qui fermait le collier. On le dépouillait de tous ses vêtements, de tous les objets qu'il portait dans la route ; tout était jeté dans un tas commun destiné à être brûlé. Ainsi dépouillé, le forçat était soigneusement lavé et épongé dans un bain chaud, et il recevait immédiatement les habits qu'il devait porter pendant la durée de sa peine. Ces vêtements avaient des marques distinctives pour chaque classe de condamnés. Ceux qui n'avaient que cinq à dix ans à passer au bagne portaient la casaque, le pantalon, le gilet et le bonnet rouges ; ceux qui avaient un plus long temps, portaient le même vêtement, mais étaient distingués par un bonnet vert ; les forçats à vie l'étaient par un camail brun sur la casaque et un bonnet de même couleur. C'était après un séjour de plus ou moins de durée à l'hospice, que les forçats étaient enfin conduits au bagne et distribués dans les salles suivant leurs catégories et appliqués aux divers travaux du port, travaux généralement pénibles, plusieurs très dangereux, tels que ceux du curement des vases, de l'extraction des pierres, etc.

Lorsqu'un forçat s'évadait du bagne, on l'annonçait à la ville par un coup de canon ; on accordait à quiconque le ramenait : 100 francs s'il était arrêté hors des murs, 50 francs s'il était repris en ville, et 25 francs en cas de capture dans le port. C'était une bonne fortune pour les paysans des environs de Brest quand ils pouvaient mettre la main sur un forçat évadé.

L'édifice du bagne est maintenant utilisé comme magasin pour les chanvres, les toiles, etc. C'est une succursale du magasin général.

Hôpital de la Marine. — Nous prenons les édifices dans l'ordre où ils se présentent dans le port, mais pour se rendre à l'hôpital de la marine et pour le visiter, il faut sortir de l'arsenal, et cet établissement mérite à lui seul une mention spéciale.

L'hôpital de la marine, à Brest, est un des plus beaux hôpitaux qui existent en France. Il se compose de pavillons isolés renfermant chacun une grande salle au rez-de-chaussée et au premier étage ; ils sont séparés par des cours ornées de jardins. M. de Clermont-Tonnerre, ministre de la marine, posa le 6 octobre 1822, la première pierre de cet hôpital, et lui donna son nom, auquel a été substitué, en 1830, celui d'hôpital de la marine. Les dépendances de cet hôpital, telles que la cuisine, la paneterie, la lingerie attirent l'attention de tous les visiteurs.

Il faut voir avec quel art les sœurs de la Sagesse savent former des dessins, décrire des arabesques avec les draps, les serviettes, les chemises, les bonnets de coton !

La chapelle de l'hôpital de la marine, reconstruite en 1859, d'après le vœu de l'empereur Napoléon III dans sa visite à l'hôpital le 10 août 1858, est située sur l'emplacement de celle qui existait auparavant et qui était devenue insuffisante, outre qu'un perron de vingt-deux marches la rendait d'un pénible accès pour les malades.

Le service médical est confié, sous l'autorité d'un directeur du service de santé, au corps des chirurgiens de la marine, officiers instruits et dévoués. Les soins sont donnés aux malades par des sœurs de la Sagesse, sous la surveillance d'une supérieure, et par des infirmiers.

C'est à l'hôpital de la marine et dans ses dépendances que se trouvent les établissements nécessaires aux études de médecine et de chirurgie, le grand amphithéâtre, les cabinets d'histoire naturelle, le jardin botanique, etc.

Le jardin botanique date de 1768. Il a été fondé par MM. Courcelles et Poissonnier. Le climat de Brest, en raison du très-rare abaissement de la température au dessous de zéro, est particulièrement favorable aux tentatives d'acclimatation de certaines espèces exotiques. L'influence de la douceur de la température à Brest, pendant l'hiver, se fait sentir dans les jardins et dans les squares. Dans le jardin botanique de l'hôpital maritime notamment, une foule de végétaux du Japon et de la Chine, de l'Australie, de la Nouvelle-Zélande, du Cap de Van-Diemen, des deux Amériques se sont développés en pleine terre ; quelques-uns même y fleurissent et fructifient. On y remarque plusieurs palmiers, et une collection des conifères les plus célèbres, tels que cryptomeria, taxodium, secoya, araucaria, etc.

On sait que les eaux qui baignent les rives de la Bretagne sont celles du Gulf-Stream. Un manteau de nuages recouvre cette région, la préserve du rayonnement nocturne et lui verse les eaux chaudes provenant des vapeurs de cet immense calorifère qui, ainsi que le dit Maury, vient du Nouveau-Monde réchauffer l'Europe. Or, Brest est la première terre rencontrée par ces vapeurs, celle sur laquelle elles se précipitent tout d'abord.

A Brest, plus qu'en aucun autre point du continent la marche de la température est liée aux mouvements du Gulf-Stream, qui vient frapper les côtes d'Europe suivant une latitude dont la hauteur varie d'une année à l'autre. La douceur de la saison froide à Brest étonne beaucoup les étrangers, surtout les personnes qui habitent ordinairement le centre ou l'est de la France. Malheureusement, la douceur de l'hiver, sous la latitude de Brest, ne peut coïncider avec un beau ciel. Le ciel est constamment nuageux et les pluies sont abondantes et fréquentes ; de sorte que les avantages de la douceur de la température sont contrebalancés par un temps continuellement sombre, par un horizon brumeux, par un état hygrométrique désagréable.

La cause principale d'humidité à Brest est dans les vents qui soufflent le plus habituellement du S.-O., de l'O. et du N.-O. Aussi, voit-on en moyenne, à Brest, 180 jours de pluie par an.

Au jardin botanique de l'hôpital, des serres servent à la conservation des plantes qui ne peuvent vivre sous nos climats pendant l'hiver, ou qui ont même toujours besoin d'une température supérieure à celle de nos étés moyens. Elles se divisent en serres froides ou orangères, en serres tempérées et en serres chaudes, où se trouvent réunis les types des principaux genres caractéristiques de la végétation tropicale, rangés avec un goût artistique tel qu'on se croirait dans quelque coin d'une forêt de la zone torride. Une visite au jardin botanique suffit pour montrer au touriste combien le climat de Brest est favorable au développement des arbustes de tous pays. On y voit des espèces qui ne peuvent se conserver dans les jardins de la Touraine, et même de Montpellier.

On y voit en pleine terre le camelia japonica, introduit en 1810. Beaucoup de pieds de camelias sont de véritables arbres de plus de trois mètres de haut : ils fleurissent tous les ans et donnent des graines parfaitement mûres. Le camelia est d'ailleurs cultivé dans toute la Bretagne, mais nulle part il ne se passe, aussi bien qu'à Brest, de toute couverture pendant la saison froide. Le yucca gloriosa, apporté d'Amérique, est un arbre dont le tronc a 1 m. 10; la hauteur sans comprendre la hampe dépasse trois mètres. Douze variétés de bambous du Japon et de la Chine poussent et fleurissent en pleine terre et résistent aux hivers. De magnifiques araucarias attirent l'attention du voyageur. Parmi les plantes exotiques on trouve le gnapholium-undulatum, originaire du cap de Bonne-Espérance ; l'allium-neopolitanum, originaire d'Italie; les fuchias, originaires de Magellan; les escallonnas, originaires du Chili ; le phormium-tenax, originaire de la Nouvelle-Zélande. Tous ces arbustes se trouvent en compagnie du gunnera-scabra, du

Chili, dont les feuilles atteignent jusqu'à 2 m. 50 de large, et de l'eucalyptus, ce bel arbre des forêts de la Nouvelle-Hollande.

> Qu'on nous vienne chanter l'Italie et l'Espagne :
> Les premiers jours d'avril qui chauffent la Bretagne
> Font remonter la vie au cœur des vieux tilleuls.
> De superbes palmiers, plantés dans l'Armorique,
> N'y regrettent pas trop l'ardent soleil d'Afrique.
> La neige n'y vient guère étendre ses linceuls.

Fier de sa patrie, de sa Bretagne, autant que de son côté la Bretagne est fière d'avoir été le berceau de son enfance, Chateaubriant, le grand admirateur des beautés de la nature, n'a pas manqué de chanter la douceur et la précocité du printemps de son riant pays :

« Le printemps de Bretagne, a-t-il écrit, est plus doux qu'aux environs de Paris. Les cinq oiseaux qui l'annoncent : l'hirondelle, le loriot, le coucou, la caille et le rossignol arrivent avec de tièdes brises qui hébergent dans les golfes de la péninsule armoricaine. La terre se couvre de marguerites, de pensées, de jonquilles, de narcisses, de jacinthes, de renoncules, d'anémones comme dans les espaces abandonnés qui environnent Saint-Jean de Latran et Sainte-Croix de Jérusalem à Rome.

« Des clairières se panachent d'élégantes et hautes fougères ; des champs de genêts et d'ajoncs resplendissent de fleurs qu'on prendrait pour des papillons d'or posés sur des arbustes verts et bleuâtres. »

On remarque au milieu du jardin botanique, un petit monument en pierres du pays surmonté du buste en bronze de Jules Crevaux, médecin de la marine. Ce monument a été élevé dans ce lieu par le corps médical de la marine, pour perpétuer la mémoire de cet illustre explorateur. Sur le monument est gravée en creux l'inscription suivante :

A CREVAUX
Le Corps des médecins de la Marine

—

J. CREVAUX
1846-1882.
Massacré par les Indiens Tobas.

Cette inscription est d'une éloquence saisissante dans sa simplicité. A lui seul et en peu d'années, de 1877 à 1882, le docteur Crevaux a fait plus avancer la géographie de l'Amérique du Sud qu'un grand nombre d'autres explorateurs.

Massacré avec ses compagnons à Téjo-Pilcomayo par les Indiens Tobas, le 25 avril 1882, Crevaux était né le 1er avril 1847, à Lorquin (Meurthe).

Au jardin est annexé un musée où la zoologie, la botanique, la minéralogie sont représentées. Le musée comprend quatre salles. La première contient, outre les curiosités exotiques de différentes nations, une collection d'insectes. La seconde renferme les oiseaux, les reptiles, les poissons et les mollusques. La troisième est consacrée aux mammifères et aux crustacés. La quatrième à la minéralogie, à la géologie et à la botanique.

En entrant dans la première cour de l'hôpital de la marine, on trouve, à gauche, les logements des sœurs de la Sagesse, la boucherie, la cuisine et ses dépendances ; à droite, les logements de l'aumônier, de l'infirmier-chef, du jardinier botaniste, les bureaux du conseil de santé et ceux de l'administration dans lesquels se délivrent les permissions de visiter l'hôpital aux personnes qui n'en ont pas l'entrée de droit.

SCIERIE MÉCANIQUE. — Nous voici de retour dans l'arsenal. A la suite des quais des corderies, et au dessous de l'hôpital de la marine, nous rencontrons l'anse de la tonnellerie. Voici la scierie mécanique.

Cette scierie, construite de 1857 à 1860, renferme les ateliers de poulierie et ceux des cabestans, et, dans un vaste hangar, les grandes scies à débiter les plus fortes pièces de bois employées dans la construction des vaisseaux. Cet atelier possède un outillage aussi complet que possible pour le travail des bois. La petite scierie mécanique, construite en 1834, renferme les machines à vapeur montant l'eau de mer et l'eau douce à l'hôpital de la marine.

ATELIERS DES BATIMENTS EN FER. — CALES DE CONSTRUCTIONS. — Entre l'anse de la tonnellerie et la porte de l'arrière-garde, limite de l'enceinte du port militaire, se trouvent les vastes ateliers pour la construction des bâtiments en fer, et les cales destinées à recevoir les plus grands navires de guerre. La fête d'un lancement d'un de ces vaisseaux est empreinte d'un caractère tout particulier. Le vaisseau est garni de tapis, de pavillons, de guirlandes de verdure. On attend avec impatience, mais dans le silence de la contemplation, le moment où les derniers supports tomberont, et où le navire semblera en équilibre sur lui-même. Tout-à-coup le signal est donné ; la hache coupe les saisines, derniers liens qui rattachent encore le vaisseau à la terre. Il conserve un instant son immobilité. Cependant on croit apercevoir un léger mouvement ; ce mouvement d'abord insensible, s'accroît, s'accélère, devient très rapide ; les amarres se rompent avec fracas, et, au milieu de l'enthousiasme, des acclamations de la foule, et des sons bruyants d'une musique militaire, le vaisseau, à travers l'épaisse fumée que produit un si énorme frottement, s'élance dans les flots qu'il refoule au loin.

Débarrassé de ses entraves, dès qu'il se trouve à flot, il se balance majestueusement en achevant sa course, et après avoir brisé les bosses cassantes qu'on avait opposées à sa rapidité, il semble avec orgueil prendre possession de l'empire de la mer. Jamais spectacle ne produit plus profonde émotion.

ILE FACTICE. — A six cents mètres environ de l'arrière-garde, après être sorti de l'enceinte de l'arsenal, on trouve l'île Factice, faite sous le préfectorat de M. Caffarelli, et située dans la rivière de Penfeld. De vastes hangars en occupent toute la longueur et servent à l'emménagement des bois de construction. Près du musoir sud, sous un hangar à toit circulaire est conservé le canot impérial que le touriste peut visiter en s'adressant au gardien. Ce canot est remarquable par la richesse de ses décorations. Il a 17 m. 21 de longueur. Un magnifique rouf, composé de deux pièces, occupe sur l'arrière, environ le tiers de la longueur du canot ; les deux autres tiers sont réservés pour les rameurs. L'avant est décoré d'un Neptune armé d'un trident et s'appuyant sur un Dauphin. Le carreau ou la préceinte qui borde le plat-bord de l'avant à l'arrière est orné de guirlandes de lauriers et de myrtes entrelacés. Les deux figures qui, de chaque côté du rouf s'étendent jusqu'au cul-de-poule, et enferment en cet endroit la tête du gouvernail, sont richement ornées de rinceaux d'achante en enroulement, mais dont les rosaces ordinaires sont remplacées par des feuilles de vigne, des grappes de raisin et des petits oiseaux alternés. Au milieu de leur longueur se voit un cartouche contenant les lettres L N entrelacées, et surmonté de deux couronnes de fleurs également entrelacées qui soutiennent deux petits amours. A leur extrémité antérieure, là où commencent les bancs des rameurs, on voit, de chaque côté, un petit amour enfourchant un cheval marin. Le fronton du cul-de-poule, ou de l'arrière, est décoré d'un écusson en bas-relief, aux armes impériales, entouré d'un ruban auquel est suspendue la croix de la légion d'honneur, et entouré de deux branches de laurier et de chêne. La couronne qui le surmonte est soutenue par deux statues assises sur le plat-bord de la fargue ; celle du côté gauche du canot représente Pallas armée de sa lance, et celle du côté opposé un jeune génie muni d'une trompette. Ce cul-de-poule est soutenu et réuni au corps du canot par deux dragons-volants marins.

La tête du gouvernail est surmontée d'un casque à l'antique porté sur un faisceau d'armes sortant d'une touffe de roseaux sculptés en relief sur les faces du gouvernail. Le rouf est éclairé, de chaque côté, par cinq fenêtres dont les panneaux intermédiaires sont décorés extérieurement de trophées en bas-relief. Les quatre angles sont occupés par des pilastres cannelés ainsi que les intervalles de quatre jours ouverts sur la face intérieure du rouf où se trouve la porte d'entrée. Dans chacun des panneaux inférieurs, est sculptée une couronne de lauriers, de fleurs et d'oliviers. La corniche qui règne au dessus de ces pilastres, supporte, dans tout son pourtour, une petite balustrade en cuivre formant une suite d'arcades simples aboutissant aux quatre coins, à des faisceaux d'armes à l'antique, semblables à celui du gouvernail. Ce somptueux canot est surmonté d'une vaste couronne impériale. Quatre amours la soutiennent d'une main, et de l'autre, ils tiennent, par leurs extrêmités des guirlandes de fleurs tombant du centre de cette couronne. Les avirons dont ce canot est armé portent chacun sur la pelle l'image d'un poisson doré qui semble émerger à chaque mouvement des rameurs.

Ce canot d'honneur qui a conduit l'empereur Napoléon III et l'impératrice Eugénie dans leur promenade en rade de Brest, quand ils vinrent dans cette ville en 1858, servit autrefois à l'empereur Napoléon 1er, lorsqu'à Anvers il visita son escadre de l'Escaut.

On a raconté à cette occasion une anecdote dont je ne garantis nullement l'authenticité, mais qui, en raison de son originalité, trouve ici naturellement sa place.

C'était un capitaine de vaisseau qui était appelé à tenir la barre de gouvernail du canot monté par l'empereur Napoléon 1er.

Il y a des organisations très impressionnables chez lesquelles certaines émotions un peu vives se manifestent et se portent sur les intestins. Ce fut le cas de notre infortuné capitaine de vaisseau. Impressionné d'une aussi lourde responsabilité, il lutta... lutta aussi longtemps que possible, mais enfin, arriva un moment où il dut céder. Certaines émanations se manifestaient, et quelques-uns des personnages qui accompagnaient l'empereur, tout en riant sous cape, se disaient complaisamment qu'elles étaient produites par les vases de l'Escaut.

L'infortuné patron vit bien que sa mésaventure était découverte, et il se jeta dans le fleuve. Lorsqu'on l'en retira, il s'écria : « Sire, j'ai empoisonné le plus beau jour de ma vie. »

L'empereur le consola par des paroles affectueuses, et ce capitaine de vaisseau n'en resta pas moins pour cela en odeur de sainteté auprès de l'empereur, car en récompense de ses services, il le nomma quelque temps après contre-amiral.

BUANDERIE DE L'ANSE SAUPIN. — Cette anse est ainsi nommée parce qu'un armateur, M. Saupin, fournisseur des bois de la marine sous Louis XIV, les y déposait. Au fond de l'anse, sur la rivière de la Penfeld, près de l'extrémité nord de l'île Factice, se trouve la buanderie de la marine. Grâce aux essoreuses et à l'installation d'un séchoir métallique à air libre, le linge peut être rendu à l'hôpital de la marine dans un délai très court. On lave dans cet établissement plus de 25,000 pièces par semaine.

La Penfeld présente fort heureusement au haut de son cours, les proportions d'eau de mer et d'eau douce convenables pour que le taret (animal qui se loge dans les pièces de bois immergées), ne puisse y vivre ; en même temps, le fond de la rivière découvre assez à marée basse pour permettre l'emménagement ou l'enlèvement facile des bois ; aussi, à partir de l'île Factice jusqu'à son extrémité, ses rives et les anses qu'elles présentent sont-elles emménagées par travées régulières.

La Villeneuve. — En revenant par le fond de la Penfeld, après avoir passé sur la rive droite, du côté de Recouvrance, on trouve dans une anse, à un kilomètre environ du musoir nord de l'île Factice, la Villeneuve, autrefois usine à fer dépendant de la direction d'artillerie, située aussi heureusement que possible sur les deux versants d'un vallon ombragé. Aujourd'hui, cet établissement sert de caserne et d'écoles aux pupilles de la marine.

Ces pupilles sont recrutés, 1° parmi les orphelins de père et de mère, fils d'officiers mariniers et de marins morts au service, ou morts en jouissance d'une pension de retraite ; 2° parmi les enfants des officiers mariniers et des marins de la catégorie ci-dessus, dont les mères existent encore ; 3° parmi les enfants qui ont perdu leur mère, et dont les pères marins sont encore au service ; 4° parmi les orphelins ou enfants de marins victimes d'événements de mer.

Reçus à l'âge de sept ans, les orphelins restent aux pupilles jusqu'à ce qu'ils aient atteint leur treizième année, d'où ils sortent pour être admis à l'école des mousses.

En redescendant la rivière, avant d'entrer dans l'arsenal par la porte de l'arrière-garde de la rive droite, on rencontre les dépôts de l'artillerie sur le bord de la Penfeld, à l'endroit de la jolie vallée de Kervallon. Au delà de Queliverzan, la rivière forme un coude très prononcé et contourne le massif de rochers de la pointe du Salou ; c'est cette pointe, masse énorme de gneiss schisteux qui forme les rives et le fond de la rivière qu'on a déblayé à la mine, pour y creuser un magnifique bassin de radoub. Un peu plus loin, des cales, dites cales du Bordenave, construites par Olivier et Choquet de Lindu de 1738 à 1744, reçoivent de grandes frégates, mais seraient trop courtes pour des vaisseaux de premier rang.

Les divers ateliers auxquels on arrive après avoir franchi la voûte du viaduc datent d'époques différentes : ateliers de sculpture, peinture, 1692 ; atelier des cabestans, 1705

SALLE DES MODÈLES. — Cette salle est décorée de sculptures de toutes sortes ; elle était autrefois l'annexe d'un atelier supprimé depuis 1848, et où s'exécutaient les magnifiques modèles de vaisseaux qui font aujourd'hui le plus bel ornement du musée maritime du Louvre. Bien qu'appauvri au profit du musée parisien, celui de Brest renferme pourtant encore un assez grand nombre d'objets dignes de fixer l'attention.

Indépendamment des modèles de vaisseaux qui y existent encore, on y remarque des systèmes de linguets, de mâtures, des boussoles, des sillomètres, des mégamètres, des grues, des ponts, etc.

Le pavillon voisin des formes de Pontaniou est occupé par les bureaux de la direction des constructions navales. Derrière ces bureaux, une rampe adossée à un mur de soutènement, œuvre remarquable de maçonnerie, conduit du quai au plateau des Capucins.

C'est sur ce plateau qu'ont été construits les magnifiques ateliers comprenant d'une part, la grosse chaudronnerie, de l'autre, la fonderie, et tous les ateliers nécessaires pour la confection et la réparation des machines à vapeur. Par leur mode de construction, par leurs dispositions intérieures, par leur outillage aussi complet qu'il est possible de l'être, ces ateliers sont au premier rang parmi ceux de l'Europe.

Le plateau des Capucins est à une grande hauteur au dessus du niveau des quais : vingt-trois mètres. Aussi, pour faire monter ou descendre les chaudières, les grosses pièces ouvrées, a-t-on établi à l'aplomb du quai, un peu à l'avant des cales de construction de Bordenave, un môle relié au plateau par une seule arche en plein cintre, large de trente mètres. Un chemin de fer établi sur le viaduc, et s'embranchant sur le réseau des chemins de fer des ateliers, amène les pièces ouvrées sur la plateforme, où une grande grue en métal, saisit la pièce et, en roulant sur des galets, la descend ou l'enlève du navire accosté le long du môle. Ce viaduc d'une seule arche, est une œuvre digne de toute l'attention des visiteurs.

CASERNE DES MARINS. — Cette caserne destinée à loger les marins des équipages de la flotte, fut construite en 1766, à un seul étage. De 1840 à 1843, elle fut élevée de deux étages. Tant par ses dispositions intérieures que par la bonne entente de ses dépendances, la caserne des marins est curieuse à visiter. Elle peut contenir trois mille cinq cents hommes.

DIRECTION D'ARTILLERIE. — Depuis les bassins de Pontaniou jusqu'à la grille dite de l'artillerie qui ferme l'arsenal du côté de Recouvrance, les édifices qui s'y trouvent sont affectés au service de l'artillerie ; ils contiennent les ateliers de cette direction, et une belle salle d'armes que tous les étrangers vont visiter.

Avant l'incendie qui eut lieu dans la nuit du 24 au 25 janvier 1832, la direction d'artillerie possédait des armes précieuses qui permettaient de suivre les progrès de l'artillerie depuis plusieurs siècles. Il n'en est rien resté, et les pertes de ces richesses causées par l'incendie furent évaluées à plus d'un million. C'est arrivé à cet endroit de l'arsenal, que l'entrée du port sur la rivière est fermée la nuit au moyen d'une chaîne qui va d'une rive à l'autre, et qui interdit à toute embarcation de pénétrer dans le port ou d'en sortir. Ce fut Duquesne qui, en 1671, prescrivit ce genre de fermeture.

Pour annoncer l'heure de l'ouverture et de la fermeture du port, on tire un coup de canon de diane et de retraite ; ce fut le 22 novembre 1763 qu'on commença à tirer ce coup de canon, ce qui n'avait encore jamais eu lieu auparavant.

PARC DES VIVRES. — En sortant de l'arsenal, après avoir traversé les quais de Recouvrance, on arrive à la grille du parc des vivres. Là, se trouvent tous les établissements nécessaires à l'approvisionnement en vivres pour la flotte : magasins pour les blés, fours, ateliers de fabrication de biscuit à la mécanique, soutes pour le conserver, magasins des salaisons, des légumes secs, etc.

Notre promenade dans l'arsenal est terminée. Nous allons maintenant remonter en ville, mais, tout en parcourant quelques-unes des rues, nous examinerons sommairement, au passage, les établissements ou édifices qui, d'ailleurs, sont rares et ne présentent qu'un intérêt bien secondaire au point de vue archéologique et artistique.

Les rues principales par lesquelles nous passerons sont, du côté de Brest : la Grand Rue qui va de la grille de l'arsenal aux portes de la ville ; la rue de Siam qui conduit au pont et à Recouvrance ; les rues d'Aiguillon, de la Rampe qui vont de la rue de Siam vers le Champ-de-Bataille et le Cours Dajot, la rue de la Mairie qui va de la porte Foy à l'hôpital de la marine ; la rue du Château qui coupe la ville dans toute sa longueur depuis les remparts jusqu'au château de Brest ; la rue Saint-Yves enfin, qui suit la même direction.

Du côté de Recouvrance : la rue de la Porte qui va du bas de la rampe du pont à la porte du Conquet ; la rue Armorique, celle de l'Église.

Dans l'annexion, paroisse de St-Martin, la rue de Paris.

Quand on sort de l'arsenal par la grille principale, si l'on remonte la Grand'Rue, rue autrefois florissante par son commerce, et aujourd'hui bien déchue de son ancienne splendeur au profit de la rue de Siam, depuis l'établissement du pont qui relie Recouvrance à Brest, on trouve, à gauche, la bibliothèque de la marine, riche de plus de vingt mille volumes.

Plus haut, du même côté, l'hôtel de l'ancienne intendance. Cet hôtel fut acheté en 1751, à M. d'Aché de Serquigny, capitaine de vaisseau, au prix de 46.000 livres. L'hôtel d'Aché fut augmenté par M. Trouille, ingénieur. Le pavillon appelé la *Rotonde*, au premier étage, a servi de chapelle. Cet hôtel a été habité par l'ordonnateur Najac, l'intendant Redon, le préfet maritime Caffarelli.

Le premier y donna une fête splendide aux officiers de l'armée franco-espagnole arrivée en rade de Brest, le 24 thermidor an VII, (11 août 1799).

L'hôtel n'étant pas assez spacieux, le jardin en dépendant avait été transformé en une salle de verdure décorée de feuillages entremêlés de couleurs des deux nations. Cet édifice est aujourd'hui occupé par les bureaux du commissaire-général de la marine.

Dans un autre édifice, également propriété de l'Etat, et ci-devant l'hôtel de Carné, sont les bureaux du commissaire aux armements et prises. Un Jérôme de Carné, était, en 1548, gouverneur de Brest.

Quelques pas plus haut et également à gauche, dans une petite rue, espèce d'impasse, qui portait autrefois le nom de la Clef d'Or, et qu'on appelle aujourd'hui la rue Guyot, on peut remarquer une maison d'une certaine apparence, bâtie pour la loge de la franc-maçonnerie. Cette maison présente au-dessus de sa porte le millésime 1867, et un plus à droite, le numéro 5,867, sans doute le numéro de la loge. Au faîte l'écusson maçonnique : l'équerre et le marteau, traits caractéristiques de l'institution. Cette loge est devenue aujourd'hui un café-concert.

L'association des francs-maçons possédait, mais il y a longtemps, son siège dans une maison de la rue Neptune.

On n'ignore pas que tout ce qui caractérise cet ordre est soumis à un secret inviolable. Ce n'est que bien rarement que ceux qui ne sont pas initiés aux mystères de la maçonnerie, peuvent pénétrer dans les *temples* et franchir le *parvis* de ces redoutables enceintes, aussi comme il me tombe sous la main un mémoire, fort rare sans doute, imprimé à Brest par l'imprimerie de l'armée navale impériale, et qui a trait à la fête funèbre célébrée en cette ville par la Révérende loge l'*Heureuse rencontre*, le 29e jour du 3e mois de l'an de la V∴ L∴ 5,805, correspondant au 9 prairial an XIII, à l'occasion de la mort de l'amiral Brueys, membre de cette loge, et son orateur, je crois ce document assez curieux pour être rappelé ici et intéresser le lecteur. Voici d'abord la décoration du temple ; nous verrons ensuite les détails de la cérémonie.

« Le local ordinaire des séances de la R∴ L∴ ne se trouvant pas assez vaste pour recevoir le grand nombre de FF∴ attendus dans cette importante cérémonie, plusieurs membres de la L∴, actionnaires de la société l'*Athénée*, de Brest, ont offert leurs salons. Cette proposition obligeante ayant été acceptée, des commissaires ont été nommés, et sous leur direction, de nombreux ouvriers ont tiré de ce local le plus grand parti.

En entrant dans le temple, l'âme des F∴ s'abandonnait à de justes sentiments de vénération et de recueillement ; l'œil étonné de ne se promener que sur des objets de deuil, s'arrêtait bientôt sur un cénotaphe imposant, élevé sur un monticule de gazon émaillé de fleurs ; le tombeau de marbre noir, était surmonté d'une pyramide dont les quatre faces présentaient les inscriptions ci-après :

>Au grand capitaine.
>Au marin distingué.
>A l'homme d'Etat.
>Au bon père de famille.

Au dessus de ce monument planait l'aigle, symbole précieux à plus d'un titre, qui tenait avec la foudre, les décorations militaires et maç∴ du F∴ Brueys. Le grand cordon, la grande croix de la légion d'honneur, le camail de S∴ P∴ R∴ C∴ et l'écharpe d'amiral, unis en trophée, se prêtaient un éclat réciproque. Au pied de la pyramide étaient le chapeau et l'épée de ce F∴. Des saules-pleureurs, des couronnes de cyprès, et des bouquets de fleurs entouraient le tombeau, aux angles duquel étaient les cassolettes pleines de parfums, des faisceaux d'armes et d'étendards.

Parmi ces drapeaux se distinguait le pavillon de l'*Eole*, l'un des vaisseaux que montait le F∴ Brueys. Trois lampes funèbres permettaient seulement de distinguer ces objets.

L'Orient, décoré avec goût et majesté, présentait un trône soutenu par quatre colonnes de granit oriental, au milieu du frontispice s'élevait le buste du héros auquel la France doit son bonheur, et sur la corniche on lisait ces mots :

La L∴ l'*Heureuse Rencontre* à S. M. I. et R. Napoléon 1er.

De chaque côté du trône, en avant, flottaient les pavillons du vaisseau amiral l'*Impérial* et du vaisseau le *Républicain*. Derrière le trône était placé un sopha destiné pour le T∴ R∴ F∴ Ganteaume, amiral, G∴ off∴ du G∴ O∴ de France; pour le R∴ F∴ Duplessis beau-père du R∴ F∴ Brueys, et pour le V∴ M∴ Guilhem, président les travaux du jour.

Une tribune avait été préparée pour les FF∴ de l'harmonie; leurs pupitres étaient masqués par une inscription sur laquelle on lisait ces mots :

Aux mânes du T∴ R∴ F∴ Brueys, ex-orateur de la L∴.

Trois lustres concouraient à éclairer la voûte du temple et de nombreux flambeaux triangulaires terminaient la décoration de ce lieu destiné à pleurer sur la tombe d'un citoyen précieux et d'un maç∴ chéri.

Extrait du livre d'architecture de la R∴ L∴ de l'*Heureuse Rencontre*, à l'O∴ de Brest.

A la G∴ du G∴ Arch∴ de l'U∴, au nom et sous les auspices du G∴ O∴ de France.

La R∴ L∴ de l'*Heureuse Rencontre*, extraordinairement convoquée et réunie sous le point géométrique connu des vrais MM∴ ouvre les travaux au grade d'App∴ éclairée à l'O∴ par le T∴ R∴ F∴ Guilhem, aîné, Ven∴ en exercice, aidé à l'Occ∴ par les TT∴ CC∴ FF∴ Laribe, 1er Surv∴ et Le Gouardun, 2e Surv∴ d'office.

Le V∴ fait connaître à la R∴ L∴ que l'objet de la réunion du jour est pour rendre les derniers devoirs maç∴ à la mémoire du R∴ F∴ Brueys, ex-ministre, conseiller d'Etat, amiral, grand off[r] de la légion d'honneur, et ex-O[r] de cet atelier. Après que le Ven∴ a parlé, les FF∴ maîtres des cérémonies annoncent plusieurs FF∴ Exp∴, et dont les diplômes sont envoyés à l'O∴, ils y sont examinés et reconnus réguliers.

La L∴ arrête en conséquence de leur donner l'entrée du Temple, où ils pénètrent sous la voûte d'acier, précédés des MM∴ de cérémonies ; ces révérends frères sont Liessègues, contre-amiral, Villaumez, contre-amiral, Lamarque, général de brigade, Darmagnac, général de brigade, Augereau, général de brigade.

Ils sont suivis de plusieurs autres FF∴, ayant déjà fait la faveur de visiter l'atelier, et dont les noms ont été précédemment consignés dans plusieurs planches.

Le Ven∴ au nom de la R∴ L∴ leur témoigne à tous, par un vivat général la satisfaction que la loge éprouve à les recueillir dans son sein. Les FF∴ visiteurs par l'organe de l'un d'eux, remercient et sont couverts. On annonce ensuite le R∴ F∴ Duplessis, beau-père de l'amiral Brueys dont la L∴ pleure la mort. Le Ven∴ envoie au devant de lui une députation de sept FF∴ qui le conduit jusqu'à l'O∴, où le Ven∴ le place, et lui témoigne l'intérêt et la sensibilité de la R∴ L∴ sur la perte qui cause les regrets de tous. Son discours est suivi d'un vivat auquel F∴ Duplessis répond, et il est couvert par la L∴.

Les FF∴ M∴ M∴ des cérémonies annoncent la R∴ L∴ de la *Parfaite Union* à l'O∴, du 7ᵉ légère ; celle du 16ᵉ, et celle des *Elus de Minerve*, du 37ᵉ de ligne. Elles sont introduites successivement dans le Temple, par les députations envoyées au devant d'elles, précédées des FF∴ MM∴ des cérémonies et des étoiles. En y pénétrant, elles passent sous la voûte d'acier et la musique exécute l'air du Quatuor de Lucile, *Où peut-on être mieux qu'au sein de sa famille.*

La R∴ L∴ des *Elus de Sully* O∴ de Brest est annoncée. Le Ven∴ envoie au devant d'elle une députation. Les FF∴ MM∴ des cérémonies précédées des étoiles, l'introduisent dans le Temple sous la voûte d'acier, pendant que les FF∴ de l'harmonie exécutent un morceau de Mozart relatif à la cérémonie. Le R∴ F∴ Grehan Ven∴, qui marche à la tête, reçoit le baiser fraternel et une paire de gants. Un triple vivat manifeste la satisfaction générale ; alors le T∴ C∴ F∴ Grehan, Ven∴ des *Elus de Sully*, exprime dans un discours improvisé les sentiments de cette R∴ L∴. Il parle avec chaleur, et surtout avec beaucoup d'intérêt du F∴ Brueys, dont la mémoire doit recevoir dans cette auguste cérémonie des marques non équivoques de nos sincères regrets. Son discours suivi d'un triple vivat est couvert.

Le T∴ R∴ Chap∴ des *Elus de Sully* étant annoncé, le Ven∴ envoie une députation à sa rencontre avec les étoiles ; les FF∴ MM∴ des cérémonies dirigent l'illustre Chap∴ près de l'autel, et tandis qu'il traverse l'enceinte du Temple sous la voûte d'acier, les FF∴ de l'harmonie exécutent un morceau d'Haydn. Le T∴ R∴ S∴ T∴ A∴ du dit Chap∴ reçoit le baiser du Ven∴ et une paire de gants.

Bientôt on annonce également le T∴ R∴ Chap∴ de l'*Heureuse Rencontre*. Il est introduit avec le même cérémonial.

Chacun est à son rang avec les honneurs et les décorations qui lui appartiennent ; le calme et la douleur règnent partout. Si Brueys n'est plus, son souvenir est dans tous les cœurs. La musique qui exécute le chœur de *Roméo et Juliette* entretient cette mélancolie expansive ; mais elle est suspendue par l'approche du T∴ R∴ F∴ Ganteaume, amiral, grand officier du 1ᵉʳ Ord∴ du G∴ O∴ de France. Le Ven∴ envoie au devant de lui une députation de vingt et un membres qui l'introduit dans le Temple, précédé des quatre MM∴ des cérémonies et des étoiles. Tous les FF∴ se mettent à l'Ord∴, la triple voûte d'acier couvre sa personne, et les FF∴ de l'harmonie font entendre pendant sa marche l'ouverture de *Démophon*. Arrivé à l'autel, le Ven∴ lui offre des gants, et saisit cette occasion pour louer le R∴ atelier de posséder dans son sein une des plus grandes lumières du G∴ O∴ de France.

Le Ven∴ à la suite d'un discours aussi éloquent que rempli de sentiment, veut déposer le maillet dans les mains de la grande lumière, afin d'en faire refluer les effets dans l'atelier. Le T∴ R∴ F∴ Ganteaume improvise des remerciements infiniment honorables pour la L∴ et son Ven∴ qu'il prie instamment de conserver le maillet.

Le Ven∴ Guilhem, qui a conservé la direction des travaux, retrace vivement, et avec énergie, les vertus privées et les services éminents de l'amiral Brueys qui jadis orateur de cet atelier, y laissa quelques traces de ses travaux où son âme et des principes qui seront éternels sont parfaitement développés.

Après un moment de silence : « Recueillons-nous, dit-il, allons évoquer l'ombre de Brueys, pour accueillir nos regrets, notre encens et nos pleurs. »

Le premier voyage mystérieux commence dans un profond recueillement ; chaque F∴ tient un glaive d'une main et des fleurs dans l'autre, l'harmonie exécute successivement, pendant la marche silencieuse des FF∴ le chœur de *Roméo et Juliette* et la marche de la *Bataille d'Ivry*.

Le grand off∴ du G∴ O∴ précédé des MM∴ des cérémonies, est à la tête du cortège, il est suivi du F∴ Duplessis; viennent ensuite les Chap∴ et les L∴

Après le premier voyage, le F∴ Venuste-Gleizes, vice-orateur, reproduit un discours du F∴ Brueys; on le joint aux attributs maçonniques déposés sur la tombe comme un hommage de plus à sa mémoire.

Le deuxième voyage est exécuté dans l'ordre précédent : le F∴ Sibert-Cornillon, Or∴ a la parole pour l'éloge funéraire.

Après le discours, le troisième voyage mystérieux est fait autour du catafalque, toujours dans le même ordre et avec un profond recueillement. Une musique pleine de sensibilité continue de se faire entendre; on couvre la tombe de fleurs et chacun retourne à sa place.

Le Ven∴ annonce ensuite que les devoirs funéraires dus à la mémoire du T∴ R∴ F∴ Brueys sont terminés, qu'il faut laisser en paix son ombre et cesser les chants lugubres. Un triple vivat termine la cérémonie.

La boîte des pauvres circule. La L∴ arrête l'impression du procès-verbal et des discours, en nombre suffisant pour les assistants, après quoi le T∴ R∴ F∴ Ganteaume, G∴ off∴ du G∴ O∴ se retire sous la voûte d'acier, avec la même députation qui l'a amené, il est suivi des Chap∴ de l'*Heureuse Rencontre* et des *Elus de Sully* des L∴ du 7e, du 16e et du 37e.

Enfin, le Ven∴, ferme les travaux au sein de la paix et de l'Union.

RUE DE SIAM. — Ce nom a eu pour cause le séjour que la seconde ambassade du roi de Siam fit à Brest, à l'hôtel Saint-Pierre, en 1787. Ce fut le 28 octobre de cette année, à une heure de l'après-midi que les ambassadeurs siamois arrivèrent à Brest. Cette ambassade du sultan de Mysore se composait de Mahumet-Derviche-Khan, d'Akar-Ali-Khan, et de Mahumet-Osman-Khan. Lorsqu'ils entrèrent dans la ville, une salve de treize coups de canon se fit entendre. Ils furent reçus à l'hôtel de la marine dans le grand salon, où un grand nombre d'officiers les attendait, ayant à leur tête M. le comte d'Hector. La réception de ces ambassadeurs occasionna une dépense de plus de 104,000 francs.

La préfecture maritime est l'ancien hôtel Saint-Pierre dont la façade donne sur la rue de Siam. Cet hôtel a été bâti par M. de Saint-Pierre qui lui a donné son nom.

En 1752, le roi acheta cet hôtel au prix de 36,000 livres aux héritiers de M. le marquis de Crèvecœur, pour y loger le chef de la marine. A la Révolution, cette propriété ayant été déclarée bien national, les représentants du peuple en mission à Brest y furent logés pendant leurs séjours dans la ville. Plus tard on l'a rendu à la marine. Cet hôtel possède de très beaux salons de réception, de vastes jardins qui se terminent par une terrasse sur le Champ-de-bataille.

Ces salons, ces jardins ont vu des fêtes un peu sous tous les régimes. C'est probablement ce qui a donné lieu à M. Pol de Courcy de dire que « le caractère propre de la société brestoise est de n'en avoir aucun et d'acclamer avec le même enthousiasme de commande l'avènement et la chûte de tous les gouvernements qui se succèdent périodiquement en France depuis bientôt un siècle. »

L'opinion de cet écrivain est-elle fondée ?

Quand on se reporte à l'enthousiasme auquel les bourgeois se sont livrés dans les fêtes qui ont été données à Brest sous les différents régimes qui se sont succédés, république, royauté ou empire, on peut se convaincre qu'il n'a pas précisément eu tort.

Plus loin, quand nous arriverons sur la promenade appelée « Champ-de-Bataille », nous assisterons aux manifestations populaires, aux cérémonies qui y furent célébrées en 1792, pour la plantation de l'arbre de la Liberté, en 1794, pour la fête de l'Etre Suprême. Nous verrons avec quelle sainte ferveur ces mêmes bourgeois avaient procédé à ces solennités révolutionnaires. Pour le moment, nous sommes à l'hôtel de la préfecture maritime, restons-y et voyons comment vingt et un ans après ces fêtes républicaines, c'est-à-dire en 1814, y fut fêté S. A. R. le duc d'Angoulême, amiral de France.

« Le 17 juin 1814, au matin — dit la relation contemporaine, — une dépêche télégraphique annonça à M. le général préfet maritime, que S. A. R. avait bien voulu se déterminer à visiter le port de Brest, et qu'elle partirait de Paris, le 20 pour arriver le 24 ou le 25. Chacun courut aussitôt aux travaux préparatoires pour la réception d'un prince chéri auquel tous étaient jaloux de prouver leur amour, et combien sa présence augmentait leur bonheur.

La marine, particulièrement, qui s'honore de l'avoir pour amiral, et qui a su si bien apprécier la marque de confiance et de haute protection que lui a donnée Sa Majesté Louis XVIII, en conférant cette dignité à son illustre et bien-aimé neveu, a mis en œuvre tous ses moyens, toutes ses ressources (on peut dire même qu'elle en a créés), pour recevoir avec pompe et magnificence S. A. R. l'Amiral de France.

Transformer la préfecture en palais, organiser la compagnie des gardes du pavillon, élever à l'entrée du port un arc de triomphe marin, composé de quatre trophées, de la plus riche et de la plus belle invention ; armer et équiper le canot royal, préparer les illuminations des établissements de la marine, notamment du palais de l'amiral, des portes du port et de l'hôtel Saint-Pierre, décorer les appartements et le jardin de cet hôtel, tout cela a été fait, tout cela a été prêt pour la réception du prince. Le 26, jour de joie et de bonheur pour les habitants de Brest et des campagnes environnantes, les rues Royale et de Bourbon, par où devait passer le prince, étaient sablées, les maisons richement tendues, garnies de fleurs, de guirlandes et d'emblèmes allégoriques, tout annonçait le plaisir et l'ivresse. C'était une fête de famille où chacun voulait prendre part et donner l'essor de ses sentiments, à son enthousiasme pour les Bourbons. Le lendemain, 27, S. A. R. passa la revue de ses gardes du pavillon. Dès huit heures du soir, la réunion pour la fête présentée par la marine à S. A. R. commençait à se former. Les appartements destinés au bal étaient richement décorés; le chiffre et les armes de S. A. R., l'amiral de France, étaient artistement placés dans les salles et entourés de lis d'or sur un fond d'azur; une estrade était destinée à S. A. R. au haut de laquelle on voyait un dais et le portrait du bon Henri IV entouré de guirlandes et surmonté d'une couronne; le jardin était illuminé avec art et présentait un coup d'œil des plus brillants. A neuf heures, la réunion était complète, et les deux salles du bal garnies de toutes les dames de la marine, de la ville et de quelques étrangères, offrant le spectacle le plus enchanteur; des toilettes où s'alliaient avec finesse la richesse et l'élégance, le goût et la grâce, où l'on voyait un grand nombre d'écharpes blanches parsemées de lis; les bouquets dominants, les fleurs mêlées aux coiffures étaient aussi des lis, tout enfin annonçait une union profonde de cœur et de sentiments pour l'auguste famille des Bourbons, et l'envie de le faire connaître à S. A. R. était également partagée par toutes les personnes présentes à cette brillante assemblée. S. A. R. fut accueillie dans les salles de bal par les transports de la plus vive allégresse; les exclamations de la joie la plus franche furent mêlées aux cris mille et mille fois répétés de Vive le Roi! Vive le duc d'Angoulême! Vive la duchesse d'Angoulême! Vivent les Bourbons!

S. A. R. étant montée sur son fauteuil, le plus grand silence a été observé.

Cinq jeunes demoiselles à la tête desquelles était Mademoiselle E. Bouvet, se sont avancées jusqu'aux pieds de S. A. R. tenant des guirlandes et des corbeilles de fleurs qu'elles y ont déposées; toutes les danseuses se sont levées et ont formé un groupe autour de ces cinq demoiselles, en tendant gracieusement leurs bras vers le prince. Un discours plein de grâce et de sentiment a été prononcé à S. A. R. par mademoiselle Bouvet, qui, quoiqu'un peu émue, y a mis de l'âme et de la vérité. S. A. R. a paru sensible à ce témoignage flatteur de respect et d'amour, et a daigné le dire elle-même à quelques-unes de ces demoiselles en parcourant les salles. Deux quadrilles ont été dansés en présence de S. A. R. qui s'est retirée au milieu des acclamations en passant par le jardin, et après s'être montrée sur la terrasse où la foule empressée désirait ardemment sa présence et l'accueillit aux cris de Vive le roi ! Vive le duc d'Angoulême ! Vive la duchesse d'Angoulême ! Vivent à jamais les Bourbons !

Après le départ du prince, le bal est devenu plus général. A minuit, un souper préparé dans la salle *Tourville* a été présenté aux dames, et a été suivi par le souper des hommes. On a dansé ensuite jusque vers cinq et six heures du matin. »

Il est probable que si Bonaparte était venu à Brest comme il y avait été annoncé, sa présence eut donné lieu à semblables manifestations. La municipalité en vue de sa réception avait pris l'arrêté suivant : « L'administration, considérant qu'il est de son devoir de témoigner au pacificateur du Continent, au libérateur de l'Italie, le plaisir qu'elle ressent de le posséder ; considérant qu'elle ne saurait trop faire pour un homme qui a si bien servi la chose publique ;

« Arrête d'aller au devant de lui, jusqu'à l'avancée de la place, pour lui exprimer la gratitude publique, que la garde nationale sera sous les armes à son arrivée et lui fournira une garde d'honneur de cent hommes, choisis, autant que possible, parmi ceux qui sont pourvus d'uniformes. garde qui l'accompagnera à l'hôtel qu'il habitera. »

Bonaparte ne vint pas, et l'arrêté qui précède resta sans effet. Il était réservé à son neveu l'empereur Napoléon III et à l'impératrice Eugénie de venir recueillir les acclamations de la population brestoise.

CHAMP-DE-BATAILLE. — Nous voici à peu près au milieu de la ville, sur le Champ-de-Bataille, esplanade située entre les quatre rues de la Rampe, du Château, d'Aiguillon et de Saint-Yves. Notre promenade dans l'arsenal a été longue et quelque peu fatigante :

> Un instant de repos sur le Champ-de-Bataille
> Nous rendra sûrement notre première ardeur.

Nous pourrons d'ailleurs mettre à profit ce moment de repos pour nous remémorer ce que fut cet endroit si fréquenté aujourd'hui, si désert autrefois. Avant 1694, ce lieu n'était encore qu'une espèce de solitude où l'on ne voyait que des champs mal cultivés. Ce fut Vauban qui, étant alors à Brest, traça le plan du Champ-de-Bataille.

En 1695, la communauté connue sous le nom de Petit-Couvent s'établit dans la rue du Château vis-à-vis le Champ-de-Bataille. Ce terrain n'était alors qu'un champ cultivé qu'on appelait la *grange de Quilbignon*. Dix ans plus tard, cet endroit était devenu la promenade favorite de nos pères.

Précisément en face du Petit-Couvent se trouvait une allée garnie de deux rangées d'arbres, à laquelle ils avaient donné le nom d'*allée des Soupirs*.

Les soupirs jouaient autrefois un grand rôle dans le style de la galanterie, et ce mot signifiait le plus souvent le sentiment de l'amour, nos pères voulaient donc évidemment dire l'*allée des amours*.

Le Champ-de-Bataille n'était cependant pas tel que nous le voyons aujourd'hui, un simple fossé avec un petit talus qui le séparait des rues environnantes, une rangée de grands ormes de haute futaie se dessinait à l'entour ; seule, l'allée faisant face au Petit-Couvent, du côté de la rue du Château, avait deux rangées de ces beaux arbres. Jusqu'en 1801, an IX de la République, le Champ-de-Bataille resta dans cet état. Des maisons particulières s'étaient cependant élevées autour, et les propriétaires réclamèrent auprès des autorités de la ville pour que les arbres fussent changés ; ils avaient atteint une très grande hauteur, leurs branches nombreuses avaient pris des proportions telles qu'elles masquaient le soleil et donnaient une très grande humidité aux maisons. Ces beaux arbres furent abattus et donnés à la marine. Celle-ci, en compensation, fournit à la ville le fer pour les balustrades qui entourent la place. Le département de la guerre, de son côté, donna aussi en échange de travaux que la ville avait fait exécuter antérieurement pour elle, les pierres de taille pour les petits murs de terrasse et les piédestaux des angles. A la place des grands ormes abattus, on planta d'autres arbres sur deux rangées, et on les tailla avec soin. Nous en retrouvons encore quelques-uns, mais beaucoup de ces arbres sont morts et ont été récemment remplacés.

Le Champ-de-Bataille situé presque au milieu de la ville et sur un point culminant a été plusieurs fois désigné pour recevoir une statue. En 1785, les Etats de Bretagne avaient formé le projet d'y placer la statue de Louis XVI.

Plusieurs projets avaient été présentés pour l'érection de cette statue dans la ville de Brest. L'un d'eux, de M. Jallier, architecte distingué, choisissait pour l'emplacement de cette statue une position d'où elle pût commander tout à la fois à la rade, au port, au goulet et aux deux côtés de la ville. Les fondements de la tour de César, au Château, se présentaient tout naturellement, et là, à soixante pieds au dessus de la mer, se serait élevée la statue confiée au ciseau du célèbre Pajou. « Là, disait le rapport de M. Jallier, le public verra avec quelque émotion, un monument à Louis XVI rendant les privilèges à la Bretagne et la liberté des mers, élevé sur les débris d'un édifice consacré à ce César qui l'ôta aux Romains et mit aux fers le monde entier. »

Un autre architecte, M. Nouvion, désignait comme l'endroit le plus propice à l'érection de cette statue le terrain occupé par les dames de l'Union Chrétienne, sur le Champ-de-Bataille. Ce dernier projet se rapprochait des vues de la Communauté, et l'on semblait même s'y être arrêté lorsque la Révolution éclata et mit fin aux projets de l'érection d'une statue à Louis XVI.

En son lieu et place, les patriotes élevèrent sur le Champ-de-Bataille un autel à la Patrie, autel en toile peinte, entouré de quatre peupliers, qui fut l'objet d'une sorte de culte pour un grand nombre, mais aussi le sujet de plaisanteries de la part d'une autre partie de la population, d'où des scènes regrettables et même sanglantes.

Un jeune officier, nommé Patrice, qui avait eu la malencontreuse idée de dessiner la caricature de cet autel dans la salle de billard d'un café qui se trouvait alors dans la rue Saint-Yves, en face même du Champ-de-Bataille, fut assailli et tomba sous les coups d'hommes dont l'exaltation ne connaissait plus de bornes. Sa tête fut coupée, placée au bout d'une pique et promenée dans toute la ville. Cette scène sanglante eut lieu le 23 juin 1791, vers les cinq heures du soir.

Abandonnons ces souvenirs douloureux et parlons un peu des fêtes que le Champ-de-Bataille vit célébrer sur son terrain, car cette promenade a aussi son histoire.

Déjà depuis quelque temps, la France se couvrait d'arbres de la Liberté, dans les premiers mois de l'année 1792, on en comptait plus de 60.000, et Brest n'avait pas encore le sien. Le 14 juillet 1792 fut choisi pour sa plantation. L'autel de la Patrie en toile peinte avait disparu ; la place était libre. On décida qu'on planterait l'arbre de la Liberté au centre de l'esplanade du Champ-de-Bataille. C'est de Quimper qu'arriva le jeune chêne, vigoureux, robuste, aux branches nombreuses et touffues.

Sa plantation fut l'objet d'une fête somptueuse comme on en faisait alors.

Les années suivantes, ce fut au pied de cet arbre que se célébrèrent les fêtes publiques. La première qui eut lieu fut celle du 14 octobre 1792, pour la proclamation de la République.

Ce jour-là, dit une relation du temps, une montagne de tous les attributs de la royauté arrachés aux navires de la flotte et aux divers établissements du port, fut élevée sur la place. Les autorités civiles et militaires vinrent solennellement y mettre le feu, aux cris mille fois répétés de Vive la République ! au bruit des canons des batteries de la rade. Le maire proclama l'abolition de la royauté et l'avènement de la République. Le même jour, les navires changèrent de noms, le *Royal-Louis* fut baptisé du nom de *Républicain*, etc.

Au nombre des fêtes qui ont été célébrées sur la place du Champ-de-Bataille, l'une des plus caractéristiques de l'époque, est celle de l'Être Suprême, décrétée par la Convention nationale. Elle eut lieu à Brest, le 20 prairial, an II de la République, le dimanche 8 juin 1794, jour de la Pentecôte. « Quelques rayons de lumières perçaient à peine l'horizon et commençaient à dissiper les ténèbres de la nuit. »

Il semble que l'on commence la lecture d'un de nos romans modernes de J. Claretie ou de Georges Ohnet ; il n'en est rien pourtant, c'est le début du rapport même fait à la société populaire de Brest, au nom de son comité par l'un de ses membres, M. Edouard Poncet, le 25 prairial, an second de la République française.

« Quelques rayons de lumière perçaient donc à peine l'horizon. Une salve d'artillerie fit retentir les airs et annonça au peuple le beau jour de la fête dédiée à l'Éternel.

» Le représentant Prieur, de la Marne, était alors dans notre cité. Dès le matin de ce jour, les autorités civiles, ayant en tête le maire, se rendirent chez le représentant, à l'hôtel Saint-Pierre, où toutes les autorités devaient se réunir. On se dirigea d'abord sur le Cours Dajot. Là du haut d'un vaste amphithéâtre, sur lequel était élevée une statue colossale de la France, l'agent national de la Commune prononça un discours, puis on se rendit sur la place du Champ-de-Bataille en faisant le tour de la ville. Les autorités marchaient sur deux files. Au milieu se voyait une charrue traînée par deux bœufs magnifiques. Sur la charrue s'élevait un jeune chêne surmonté du bonnet de la Liberté ; quatre jeunes filles représentant les saisons marchaient à côté ; puis venaient ensuite une mère féconde entourée de ses dix enfants, tenant au sein le dernier qu'elle allaitait ; deux vieillards de 96 ans ; vingt-cinq jeunes garçons et autant de jeunes filles, habillés par la nation ; un couple destiné à s'unir par un mariage civique ; nos frères, enfin, les Américains, avec leur drapeau.

La Liberté et l'Egalité représentées par deux belles et jeunes femmes, montées sur un char antique, traîné par deux taureaux venaient après ; deux vieillards portant des cassolettes où fumait de l'encens, et une foule de petites filles vêtues de blanc, précédaient le représentant du peuple, en grand costume, accompagné de l'agent national de la Commune et de celui du district, marchant entre le buste de Marat, celui de Challier, de Brutus et de Le Pelletier. C'est dans cet ordre qu'on arriva sur la place du Champ-de-Bataille où devaient se passer les épisodes les plus intéressants de la fête. L'arbre de la Liberté, parfaitement décoré, sortait d'une haute montagne, quatre obélisques fondés sur le roc s'élevaient à l'entour. On lisait sur leurs bases le nom des vertus républicaines. Sur un étendard déployé on lisait les deux vers suivants :

Celui qui met un frein à la fureur des flots
Sait aussi des tyrans arrêter les complots.

A so... ...vé sur la place, tout le cortège environna la ...ntagne, sur laquelle des chœurs de chanteurs et de chanteuses se groupèrent au milieu des rochers. Le représentant debout au sommet, placé entre les deux belles femmes qui représentaient la Liberté et l'Egalité, ouvrit la fête en prononçant avec éloquence « simple et rapide de sentiment » — dit le compte-rendu de cette fête, — un discours qui fut accueilli par les cris répétés de : Vive la République ! Vive la Montagne !

Aussitôt après, des nuages d'encens s'élevèrent, les pères mêlés à leurs fils chantèrent des strophes, dans lesquelles ils juraient de ne déposer les armes, qu'après avoir anéanti les ennemis de la République. Des mères et leurs filles, groupées sur l'autre côté de la montagne, leur répondaient en jurant de ne s'unir jamais qu'avec ceux qui auraient défendu la patrie avec courage. Au milieu de l'enthousiasme général, un citoyen présenta au peuple, un vieillard de 97 ans, qu'il adopta pour son père aux applaudissements universels. Le représentant attendri enleva dans ses bras ce généreux patriote pour le montrer au peuple, et lui donna l'accolade fraternelle. Deux enfants nouveaux-nés furent portés sur la montagne pour y être nommés. Le garçon reçut les prénoms de Théophile-Marat ; la fille ceux de Unité-Cornélie. Un mariage civique fut aussi célébré par l'officier public en présence de tout le peuple. Deux nègres, un jeune garçon et une jeune fille, furent ensuite présentés au peuple par Prieur de la Marne qui, après avoir exécré les horreurs de l'esclavage et vanté les charmes de la liberté, s'écria : Amis, voici encore des frères, ils sont de la famille, quoiqu'ils diffèrent de couleur...

Enfin, la population entière chanta avec un saint enthousiasme cette belle strophe de l'hymne de la liberté :

Amour sacré de la patrie !

« A l'instant, tout s'émeut sur la montagne et dans l'espace qui l'entoure ; les mères présentent à l'auteur de la nature les plus jeunes de leurs enfants, les vieillards bénissent leurs petit-fils, les adolescents agitent leurs épées dans les airs ; les jeunes filles jettent des fleurs vers le ciel, et tous les citoyens confondus dans leurs embrassements mutuels, goûtent les charmes d'une douce fraternité. »

Les citoyens portent spontanément leurs dîners sur la place, cent repas fraternels sont organisés. Prieur venait visiter les groupes « *comme un bon père distribue à tous ses enfants les témoignages d'une égale tendresse.* »

Le soir la place est illuminée, la montagne étincelle de lumières, les danses sont organisées et, pour terminer dignement cette fête, Prieur vint, à une heure du matin annoncer les succès remportés par les armées des Pyrénées Orientales.

C'est ainsi que se passa cette fête brillante dont le récit pourrait faire croire qu'on était revenu à l'âge d'or, et que Brest ne renfermait plus que des frères unis ; malheureusement les membres du tribunal révolutionnaire, Ragmey, leur président en tête, l'accusateur public, Donzé-Verteuil, l'ex-moine et ci-devant substitut de l'accusateur public du tribunal révolutionnaire de Paris, et le bourreau Hanss, le vengeur du peuple comme on l'appelait alors, Hanss, le cannibale, se tenaient derrière le représentant du peuple. Pendant la Révolution,

Brest fut une des villes les plus cruellement frappées. Ce fut à la voix de Prieur qu'un tribunal révolutionnaire fut installé dans l'ancienne église des Jésuites, et le conventionnel Laignelot, en mission à Brest put annoncer à la Convention que « *le glaive de la loi commençait enfin à frapper les têtes coupables.* » Ce même Laignelot qui, arrivé de Rochefort à Brest, en compagnie de son ami Hanss, le bourreau, prononça le discours commençant par la fameuse phrase : *Les peuples ne seront vraiment libres que quand le dernier des rois aura été étranglé avec les boyaux du dernier des prêtres.*

Quelle dérision amère !... s'appeler *Laignelot*, le *petit agneau*, et prononcer de semblables paroles !...

A ce moment-là, décidément, rien ne pouvait donner à la foule une signification plus parfaite de l'*Égalité*, de la *Liberté*, que l'association d'un blanc avec un nègre, avec un de ces nègres qui sont persuadés que les orangs et les pongos sont leurs ancêtres, à l'état de nature, restés sauvages, paresseux, et affectant de ne pas vouloir parler pour vivre dans les bois en pleine liberté et n'y rien faire. Une petite publication périodique qui parut à Brest, à cette époque, chez Audran, imprimeur de la Représentation nationale, et dont on possède un très-petit nombre de numéros, rend compte d'un dessin qui fut fait pour le drapeau donné au bataillon des Antilles.

« Ce drapeau, dit le *Moniteur de Brest et du Finistère* (c'est le nom de cette publication) est un tableau sublime qui doit toucher les âmes en parlant aux yeux. C'est le cri éternel de la nature fixé sur un léger taffetas ; c'est le symbole le plus expressif de l'égalité et de la fraternité qui, porté dans les différentes contrées où les nègres et les mulâtres furent esclaves, fera des partisans à notre révolution et prêchera la liberté avec plus d'éloquence et de succès que tous les orateurs réunis... En voici le sujet : Sur un quartier de roc, emblême de la base éternellement solide sur laquelle s'élève notre constitution, un blanc a déposé les armes qu'il a apportées à ses frères le nègre et le mulâtre ; elles sont surmontées du bonnet de la liberté. Sur le simple autel de la patrie dont la nature fut l'architecte, ils prêtent en commun le serment de défendre les droits sacrés de l'homme. Le nègre, les yeux fixés sur le blanc, qui ne veut plus être que son frère et son ami, tend avec force ses deux mains vers le bienfaiteur de la liberté. Le mulâtre et le blanc étendent la main au même instant, et les trois figures expriment le même vœu, quoique bien distinctes par l'attitude, l'air de tête et le mouvement. Un bras sortant du nuage pose sur ces trois têtes le niveau de l'égalité. Ce sujet heureusement inventé et traité avec soin fait honneur au pinceau du citoyen Hüe.

Comme ce tableau est un beau poëme sur l'égalité ! Tous les bons citoyens doivent désirer qu'il se multiplie et se répande. Nous invitons le citoyen Hüe à traiter en petit ce sujet et à le faire graver. »

Le citoyen Hüe a-t-il suivi ce conseil ? Je l'ignore. Je n'ai jamais eu l'occasion de rencontrer cette gravure. Hüe n'était pas de Brest. Ce peintre était venu dans cette ville pour prendre des vues du port dans le but de continuer les marines de Vernet. Hüe a peint sous divers aspects le port et la rade de Brest.

Ce même petit « *Moniteur* » donnait aussi dans chaque numéro quelque poésie d'amateur. Celui du 5 brumaire an III de la République une et indivisible contient la suivante. On commençait déjà, comme on le voit, à respirer un peu à Brest, et à retrouver « *le petit mot pour rire*, » c'est le titre de cette pièce de vers :

> Mes amis, vive la gaieté !
> Nous aimons tous la liberté,
>   La liberté l'inspire.
> Le républicain bien se bat,
> Et dit au retour du combat
>   Le petit mot pour rire.

> A Brest régnait le noir souci ;
> Robespierre est mort, Dieu merci !
>   La terreur se retire.
> Le Château s'ouvre... innocenté,
> Maint brestois dit en liberté
>   Le petit mot pour rire.

Evidemment, à cette époque, Brest avait son chansonnier. Les vers qui précèdent ne sont-ils pas de la même facture que ceux qui suivent, adressés en guise de remerciements par les grenadiers de la milice nationale de Brest, dans un banquet patriotique, donné le 11 octobre 1789, aux régiments de Beauce et de Normandie, en garnison dans cette ville, en reconnaissance du zèle patriotique avec lequel ces corps avaient volé à l'hôtel de ville pour témoigner leur empressement à se joindre aux citoyens dans les journées des 19, 20 et 21 juillet 1789.

Sur l'air : *Que le sultan Saladin.*

> Vivent les bas-officiers,
> Les soldats et grenadiers
> De Beauce et de Normandie,
> Qu'ils soient chers à la patrie
> Ces concitoyens guerriers !
>   L'honneur
>   Moteur
> Des sentiments de leur cœur
> Leur dit qu'il ne faut jamais être
>   A l'Etat, traître.

Ces vers qui ne brillent ni par l'inspiration ni par la poésie, sont de M. Siviniant, homme remuant et turbulent à l'époque de la Révolution, député électeur, et qui exerçait à Brest les fonctions de greffier en chef de la marine.

Ces régiments de Beauce et de Normandie avaient d'ailleurs tout ce qu'il fallait pour plaire aux patriotes. Leurs adresses renchérissaient les unes sur les autres. Celle du régiment de Normandie déclarait une guerre implacable aux aristocrates. Ils avaient trouvé dans ce dernier mot « *Iscariote* » c'est-à-dire traître.

M. Siviniant possédait un concurrent en poésie, dans un fusilier de la cinquième compagnie du bataillon des jeunes gens qui composa le remerciement suivant pour l'adresser aux jeunes citoyennes de Brest qui avaient offert un drapeau aux jeunes citoyens de la ville. Voici ce remerciement :

> Quoi ! vos mains qui jamais n'ont donné que des chaînes,
> Vos mains !... les mains de la beauté,
> Nous offrent en ce jour, aimables citoyennes,
> Le drapeau de la Liberté !
> Ah ! recevez, objets charmans,
> Avec la plus grande indulgence,
> La plus positive assurance
> De nos justes remerciements.
>
> Oui, de ce don précieux de votre bienveillance,
> Cet aveu de vos sentiments
> A fait naître dans nos rangs,
> Respect, amour, reconnaissance.
> Loin de nous à jamais, la fatale pensée
> D'illustrer notre nom par de cruels combats ;
> Mais si dans sa rage insensée,
> L'ennemi nous forçait d'affronter le trépas
> Alors nous envierons l'heureuse destinée
> De vaincre sous vos yeux, ou mourir en soldat !

Toutes ces poésies m'ont tenu un peu éloigné de mon sujet, le Champ-de-Bataille ; j'y reviens.

La place du Champ-de-Bataille est demeurée veuve de toute statue ; depuis bien longtemps, elle n'a plus d'arbre de la Liberté ; les estrades qui auraient été si utiles aux musiques militaires qui s'y font entendre pour l'agrément des promeneurs n'ont pas été conservées, mais, en revanche, une municipalité éclairée, à qui il faut savoir rendre la justice d'avoir parfois des projets lumineux, a orné le centre de cette place d'une haute et solide colonne en fonte, portant à son sommet cinq gros becs de gaz, ce qui prouve, surabondamment, je l'espère, que nous sommes dans un pays de lumières.

Des voitures de louage, coupés, calèches, etc., stationnent aux abords du Champ-de-Bataille.

THÉATRE. — Le théâtre, qui forme l'angle des rues Saint-Yves et d'Aiguillon, a sa façade tournée vers le Champ-de-Bataille. Cette façade seule a été conservée, lors de la reconstruction du théâtre, après l'incendie de 1866. Il avait juste un siècle d'existence.

La salle de spectacle est grande, bien disposée pour l'acoustique et la commodité des spectateurs. Le théâtre de Brest datait de la seconde moitié du 18e siècle. Il fut construit aux frais de la marine de 1765 à 1766, sur l'emplacement du jardin potager de l'hôtel Saint-Pierre, d'après le plan d'un architecte nommé Lubet. Sa construction fut exécutée avec une grande promptitude par M. Malmanche, entrepreneur, sous la direction de M. Choquet de Lindu, ingénieur de la marine.

Jadis, on lisait au milieu du fronton qui décore sa principale porte d'entrée cette inscription latine, gravée en lettres d'or sur une table de marbre :

Mœcenas nobis hæc otia fecit.

Aujourd'hui ce fronton porte les armes de la ville.

Une salle de spectacle en bois existait antérieurement à Brest. Ayant été brûlée au commencement de 1765, on sollicita de M. de Choiseul, alors ministre de la marine et de la guerre, la construction d'une nouvelle salle, en raison de la nécessité d'avoir à Brest, un spectacle pour la marine. Le ministre répondit immédiatement que le roi approuvait cette création et donnait pour bâtir la salle de spectacle, le terrain occupé par le jardin potager de l'hôtel Saint-Pierre. La première représentation qui fut donnée dans la salle nouvelle eut lieu le dimanche, 7 décembre 1766. Le directeur de la troupe était un sieur de la Traverse, auquel le duc de Penthièvre, amiral de France, gouverneur de la province, avait accordé le 1er juin 1765, un privilège qui devait durer jusqu'à Pâques de 1767. Il était engagé, d'après son privilège, à représenter des tragédies, des comédies françaises et italiennes, des grands opéras, et des opéras comiques et bouffes. Le 29 octobre 1787, les ambassadeurs siamois assistèrent, dans la loge du commandant, au spectacle composé de l'opéra d'*Azémia* ou les *Sauvages*, et du *Maréchal-de-logis*, pantomime.

A leur entrée dans la loge, le public applaudit à plusieurs reprises, et eux répondirent par force révérences à la façon de leur pays.

Plus d'une fois, le théâtre de Brest a été le témoin de scènes bruyantes et tumultueuses, mais jamais de plus orageuses ne se produisirent que celles des 8 et 12 octobre 1826. Ce tumulte eut pour cause le refus de l'autorité supérieure de laisser représenter le *Tartufe*, qui était demandé par plusieurs citoyens. Voici comment d'ailleurs et à quelle occasion ce tumulte se produisit : M. l'abbé Guyon venait de prêcher une mission à Brest, quelques habitués du théâtre, peu ou point partisans des manifestations religieuses occasionnées dans la ville par cette mission, demandaient à l'une des représentations théâtrales qu'on jouât le *Tartufe*. « Cette pièce n'est pas dans le répertoire semainier — répondit le maire, — mais je vais l'y faire mettre. » Au bout de plusieurs jours d'attente, point d'annonce de la pièce. La demande fut renouvelée, et l'on répondit pour M. le maire que ce magistrat en avait référé à l'autorité supérieure. Au spectacle suivant, le maire vint annoncer que la réponse était négative. C'était le 8 octobre.

A peine cette réponse était-elle donnée que des murmures improbateurs se manifestèrent.

Le maire ajouta : « Vous n'aurez pas le *Tartufe*; vous l'avez demandé trop indécemment. »

A ces mots, le maire fut hué, insulté, sifflé.

Le commissaire de police fit alors évacuer la salle par des soldats de Hohenlohe qui tenaient garnison à Brest. Ces soldats pour se défendre des coups qui leur étaient portés, firent usage de la baïonnette. Un coup malencontreux de cette arme alla même jusqu'à percer le... pantalon de l'un des tapageurs. Les auteurs du tumulte se réfugièrent sur la scène où la toile était encore levée. Un cri d'effroi partit des premières et de toutes les loges. Des outrages furent proférées contre l'autorité municipale, et des banquettes furent jetées du haut des loges sur les soldats.

Pour la représentation suivante du 12 octobre, quelques citoyens se concertèrent pour se rendre au théâtre et obtenir la représentation du *Tartufe*.

Les mêmes scènes se renouvelèrent, plus tumultueuses peut-être encore. Le maire fut injurié; il se retira et fut poursuivi jusqu'à son domicile par une troupe de jeunes gens qui le traitaient de scélérat, d'assassin des brestois.

Mais quatre jours après, le 16 octobre les citoyens auteurs du tapage étaient arrêtés et incarcérés au château.

Cela commençait à faire du bruit, non seulement à Brest, mais encore à Landerneau, à Quimper et même à Paris.

Le 12 janvier 1827, le tribunal correctionnel de Brest rendait son arrêt. Attendu, disait-il, que dans le mois de septembre 1826, il se manifesta à Brest, contre les exercices du jubilé et particulièrement contre les missionnaires une opposition tumultueuse ; qu'au trouble apporté aux instructions du jubilé, par l'explosion de pétards de poudre fulminante dans l'église même, des rassemblements se sont formés dans les carrefours qui avoisinent cet édifice ; qu'aux clameurs poussées contre les personnes qui sortaient de l'église, se joignaient d'autres scènes non moins affligeantes par l'intention de leurs auteurs, dans le fait des demandes tumultueuses de la représentation de *Tartufe* ; attendu que nonobstant la déclaration du maire de Brest, on demanda à la salle de spectacle, le 12 du dit mois d'octobre, avec une nouvelle violence, et un plus grand acharnement, accompagné de bruits de sifflets et de trépignements de pieds la représentation de *Tartufe*, de suite, le rôle à la main, et avant le départ de l'abbé Guyon, suivie de vociférations et d'injures contre le maire, condamne, les uns à neuf mois de prison et six cents fr. d'amende ; les autres à six ou quatre mois de prison, et à quatre cents ou deux cents francs d'amende.

Quelques-uns de ceux qui avaient été arrêtés et pour lesquels il n'était pas prouvé qu'ils avaient pris part aux délits furent acquittés et mis en liberté. Ces condamnations furent un peu réduites par le tribunal séant à Quimper, chef-lieu du département du Finistère, dans son audience du 19 mars 1827.

Dans toute cette affaire, on le remarquera, je me suis gardé de citer le nom des auteurs de ces provocations tumultueuses, jeunesse turbulente d'alors, dont les fils sont devenus de paisibles pères de famille.

La plupart de ces noms entrent aujourd'hui dans la formation de la liste des *principaux* habitants de Brest, c'est ainsi que l'annuaire de la ville, qui en est, en 1889, à sa vingt-cinquième année, désigne la liste des propriétaires, officiers, fonctionnaires en activité de service, en retraite, etc.

Pendant que cette affaire s'instruisait et que les auteurs du tapage étaient arrêtés, le père Guyon qui dirigeait la mission, en faisait la clôture le 22 octobre 1826, en grande pompe, et faisait planter entre les deux portes latérales de l'église Saint-Louis, du côté du marché, une croix qui y resta jusqu'au 25 mars 1830, que le maire en ordonna le déplacement pour être transférée dans l'intérieur de l'église où elle est actuellement.

Un règlement municipal sur la police du théâtre avait été arrêté l'année précédente, le 20 juin 1825.

« Si le spectacle est troublé par quelque cause que ce soit, — dispose l'article VII de ce règlement, — le commissaire après avoir pris les ordres de l'autorité municipale, ou par suite des ordres qu'il aura reçus en cas d'absence de cette dernière, invite le public au silence, si cette invitation est sans effet, il préviendra que son devoir est de faire baisser le rideau et évacuer la salle, à moins du retour à l'ordre et à la tranquillité, et enfin s'il n'est pas tenu compte de cette dernière déclaration, le rideau est baissé et la salle évacuée par ordre du commissaire de police, sans préjudice des poursuites à diriger contre les auteurs et les fauteurs du trouble ou désordre. »

Une garde dont la force était fixée par le lieutenant du Roi, et demandée à l'officier général, était placée au corps-de-garde établi près et en dedans des trois portes extérieures ; elle était tenue d'obtempérer à toute réquisition du commissaire de police.

Douze ans plus tard, la municipalité considérant que si plusieurs des dispositions du précédent règlement sur la police du théâtre de Brest étaient utiles à conserver, il en était que le temps et les circonstances obligeaient à modifier ou à supprimer, elle établit le règlement du 24 juillet 1837.

C'est dans ce règlement, à l'article 21, que se trouvent les dispositions suivantes, que nous serions bien étonnés aujourd'hui de voir mettre à exécution :

« Le directeur fera lever le rideau à l'heure indiquée par l'affiche ; il établira la durée du spectacle de manière à ce qu'il soit fini à dix heures et demie, à cet effet, la pendule du foyer sera réglée sur l'horloge de Saint-Louis. Il n'y aura de tolérance pour prolonger d'une demi-heure qu'autant que la nature des pièces l'exigerait et sur l'autorisation du maire. »

Que diraient les habitués d'aujourd'hui si pareille disposition leur était imposée ?

Il n'est pas rare maintenant de voir le spectacle ne se terminer qu'à une heure et demie et même quelquefois à deux heures du matin.

PETIT-COUVENT. — BOURSE. — GÉNIE-MILITAIRE. — ÉTAT-MAJOR DE LA PLACE. — De l'autre côté du Champ-de-Bataille, dans la rue du Château, sont les bâtiments connus sous le nom de Petit-Couvent ; ils sont occupés maintenant par le Génie-militaire, le commandant et l'Etat-Major de la Place. Jadis, ces bâtiments formaient une communauté de religieuses, et la *Bourse* actuelle était la chapelle du couvent. Le bâtiment où se trouve la *Bourse de Commerce* fut donné au commerce de Brest, en l'an XII (1804) par arrêté des consuls. La communauté des religieuses fut fondée en 1694, sous le nom de communauté des Filles du Sacré-Cœur de Jésus de l'Union chrétienne. Cette congrégation avait pour armes : un cœur enflammé, surmonté d'une croix. Ces religieuses dont le costume était tout noir, portaient au cou un cœur en or ; elles apprenaient gratuitement à lire, à écrire et à travailler aux petites filles pauvres de Brest. Cette communauté était dans une situation fort prospère lorsque la Révolution commença ; elle devint bien national en 1790.

Indépendamment de leur couvent, ces filles du Sacré-Cœur de Jésus possédaient encore un vaste et beau jardin, près des remparts, quartier du Bois d'Amour, emplacement sur lequel se trouve maintenant le quartier Foy. Quelques arbres formant une sorte de petit bois subsistèrent longtemps dans cet emplacement, ainsi qu'une fontaine où les domestiques des alentours allaient en très grand nombre puiser de l'eau.

On y attendait longtemps son tour, ce qui procurait aux jeunes filles le loisir de causer avec leurs amoureux à l'ombre des arbres de ce petit bois. Cette tradition est d'autant plus vraisemblable que la fontaine qui existe encore porte toujours le nom de fontaine du Bois d'Amour. La rue a changé de nom, elle a pris celui de Colbert, mais pour les gens du quartier, c'est toujours la rue du Bois d'Amour.

Le vaste îlot qu'occupait jadis la communauté de l'Union chrétienne sur le Champ-de-Bataille, est aujourd'hui partagé entre le lycée et les bâtiments habités par le génie militaire et l'état-major de la Place, bâtiments qui ont toujours néanmoins conservé leur ancienne dénomination et s'appellent le Petit-Couvent. Les promeneurs habitués du Champ-de-Bataille règlent encore leur montre sur l'horloge du Petit-Couvent.

LYCÉE. — Commencé en 1845, cet établissement a été ouvert le 3 octobre 1848, sous le nom de lycée. L'entrée du lycée de Brest se trouve dans la rue Voltaire, où l'on voit également en descendant vers la place du Château, le *Tribunal civil*, construit en 1845. A son origine, la rue Voltaire portait le nom de *Saint-Sébastien*, en raison de sa proximité avec cette chapelle. Ce nom se lit encore, gravé en creux, sur une des pierres de taille de la maison n° 20 de la rue de la Rampe prolongée. C'est à la Révolution qu'on lui donna le nom de Voltaire.

HOSPICE CIVIL. — Brest possède un hospice civil situé dans la rue de Traverse. Le nom de cette rue lui vient, non point de ce qu'elle traverse la ville, comme on le croit généralement, mais de M. Traverse, ingénieur à Brest, en 1701. Pour une autre rue de la ville, la rue Frézier, il en est ainsi ; bien des habitants s'imaginent que c'est parce qu'elle est à proximité du marché et qu'on y vend des fraises, qu'elle porte le nom de rue Frézier. Cette rue doit son nom à M. Frézier, directeur des fortifications, qui en traça le plan en 1740, et la fit percer en 1746,

L'hospice civil ou hôpital des pauvres, comme on l'appelait dans le principe, paraît avoir été, à l'origine, une simple maison, louée, au prix de 90 livres, par quelques prêtres et personnes charitables. Peu à peu, les dons, les quêtes lui formèrent un revenu.

Aujourd'hui, c'est un vaste établissement renfermé entre la rue du Château, la rue Saint-Yves, la rue Traverse et la rue Duguay-Trouin.

Il s'est formé lui-même avec ses propres moyens ou plutôt avec les libéralités des habitants, les dons de l'Etat et les secours de la commune de Brest.

PLACE DE LA TOUR D'AUVERGNE. — Cette place, ou plutôt ce square, fut établi de 1834 à 1842 ; les abords en sont régulièrement bâtis. On aurait peine à se douter aujourd'hui que cette place si coquette, était encore il y a une cinquantaine d'années, un immense cloaque infect, réceptacle du vice et de la débauche, véritable cour des miracles. Cet endroit hideux s'appelait le Pont-de-Terre. Les forçats qui pouvaient s'évader du bagne étaient sûrs d'y trouver un refuge.

Devant ce square, se trouve l'hôtel Continental, ayant son entrée par la rue St-Yves.

En face, de l'autre côté, se tient une station de voitures. En traversant cette jolie place, si coquette actuellement, vous ne pouvez vous figurer ce qu'elle était autrefois : là se trouvait un ravin, et ce ravin était le refuge de tout ce qu'il y avait d'immonde à Brest. Une seule rangée de maisons basses et sordides, ayant un escalier en dehors pour monter à l'étage supérieur et aux greniers, bordait une espèce de sentier étroit qui coupait en diagonale le ravin et conduisait des rues Saint-Yves et de la

Mairie à celle de la Rampe. On descendait dans ce trou par une pente raide et boueuse. Le comblement de cet affreux cloaque et la création de cette jolie place ont été pour la ville un grand bienfait.

LA HALLE. — LA BIBLIOTHÈQUE. — LE MUSÉE. — Dans la rue Saint-Yves, l'une des plus anciennes de la ville, et qui tire son nom de l'hôpital qu'on y voit encore et dont ce saint est le patron, on rencontre la halle, grand bâtiment au toit monumental, construit de 1828 à 1833, et qui contient la bibliothèque de la ville et le musée.

Si mes renseignements sont exacts, la bibliothèque et le musée seraient déplacés dans un avenir prochain. La Ville aurait déjà étudié les plans dressés pour la construction d'un édifice spécial, dans le prolongement du boulevard Thiers, non loin de la Banque de France, avec façade principale sur la place du Château, en vue d'y déposer et d'y conserver ses richesses artistiques et littéraires. Si ce projet reçoit son exécution, mon livre, à peine publié, sera déjà de l'histoire ancienne en ce qui concerne ces deux établissements, mais il n'en conservera pas moins le souvenir du séjour, pendant un assez grand laps de temps, de la bibliothèque et du musée dans le vaste bâtiment de la halle.

La bibliothèque dont la construction remonte à 1852, est installée dans une des galeries du premier étage. Une médaille commémorative de l'érection de la halle de Brest a été frappée. Au droit, on distingue dans le champ, et en relief entre deux palmes, le buste, à profil gauche de Charles X en costume d'officier général. La légende se lit de gauche à droite : Charles X, roi de France et de

Navarre. En exergue : 1828. Au revers, dans le champ, on distingue en relief le monument de la halle, présentant de face sept ouvertures au rez-de-chaussée et au premier, et au-dessus se dessine le toit si hardi qui la surmonte. La légende entre deux cordonnets se lit, en commençant par le haut :

« — En présence des autorités civiles et militaires de la ville, la première pierre de ce monument a été posée le 4 novembre 1828. On lit ces mots formant demi cercle au-dessus du monument : — Érigé par la ville de Brest. Et au-dessous : Sous l'administration de M. le comte de Castellane, préfet, de Guesnet, sous-préfet, le chevalier Berchou, maire, Chopin, Faure et de Bourgues, adjoints. »

Nous avons assisté à l'hôtel de la préfecture maritime à la fête qui y fut donnée à S. A. R. le duc d'Angoulême, amiral de France ; en passant sur le Champ-de-Bataille, je vous ai entretenu des cérémonies populaires qui s'y sont succédées à l'époque de la République Française ; je ne puis, arrivé devant l'édifice de la halle, passer outre sans vous dire quelques mots de l'enthousiasme avec lequel l'empereur Napoléon III et l'impératrice Eugénie y furent fêtés lorsqu'ils vinrent à Brest, au mois d'août 1858.

L'édifice de la halle avait été transformé pour cette réception en une immense et magnifique salle de bal splendidement décorée et contenant plusieurs milliers d'invités.

Autour de la salle, huit gradins s'élevant en amphithéâtre étaient garnis de dames ; au-dessus avaient été disposés deux étages de tribunes séparées par des tentures de velours rehaussé d'or et remplis de spectateurs. Au fond, sur une estrade, s'élevait sous un dais de velours rouge, le trône de leurs Majestés. L'accueil fait aux souverains à leur entrée dans la salle fut une véritable ovation. Quand l'enthousiasme permit enfin à l'orchestre de se faire entendre, le quadrille impérial se forma. Après le quadrille impérial, cinquante jeunes couples bretons se tenant par la main firent leur entrée dans la salle, et, précédés du hautbois et du traditionnel *biniou*, ils défilèrent devant le trône de Leurs Majestés en les saluant des cris de Vive l'empereur ! Vive l'impératrice ! Vive le prince impérial ! proférés avec un élan et une énergie qui prouvaient assez que ces acclamations partaient du cœur. On remarquait parmi eux les costumes les plus riches et les plus élégants du Finistère : une variété originale, une opulente simplicité en faisaient comme le cachet. Les hommes portaient presque tous des bas de couleur, les souliers plats à large boucle d'argent, ces culottes larges et battantes célèbres en Bretagne sous le nom de *bragou-bras*, qui avaient fait donner par les Romains à cette partie de la Gaule le surnom de *braccata* ; des grandes vestes à basques brodées d'or, ou des vestes courtes serrant les hanches ; grand gilet historié à triple rang de boutons d'or ou d'argent, et, en main, le chapeau à larges bords entouré d'un ruban d'argent, et, pour la circonstance, paré de banderolles aux couleurs nationales.

Le costume des femmes était remarquable de richesse ; il est difficile de décrire leurs coiffures qui diffèrent par canton et quelquefois par commune, comme dans presque toute la Bretagne. Cependant, le plus souvent, c'était un échaffaudage de dentelles parfaitement dressé ; ou bien de petits bonnets ronds sillonnés par des fils d'or ou d'argent qui retenaient au dessus du cou les longs cheveux de la jeune fille ; ou bien encore de ces coiffures indescriptibles qui rappellent la forme de quelques-uns de ces coquillages épars sur les grèves armoricaines.

Les robes ou cotillons étaient le plus souvent en brocart rouge ou en fine laine de la même couleur, rehaussée de bandes dorées ; les tabliers en soie ou en dentelle, avec une bavette qui recouvre la poitrine et sur laquelle brillaient les bijoux domestiques, les vieux souvenirs de la famille, ces reliquaires vénérés, ces croix d'or, ces cœurs d'argent transmis de génération en génération.

Avant de quitter la salle, les couples bretons exécutèrent, au son du *biniou*, les danses du pays, danses légères, sautillantes, parfaitement mesurées, et se livrèrent aux plus expressives démonstrations d'enthousiasme pour l'Auguste Personne de Leurs Majestés.

Dès le mois de juin, le maire de Brest avait adressé aux maires et aux curés du département la circulaire suivante : « La ville de Brest se dispose à recevoir le 9 août, l'empereur et l'impératrice, veuillez donc, nous vous en prions, messieurs, vous concerter, pour faire choix dans votre paroisse et commune d'un couple de jeunes gens, de 17 à 25 ans, bien faits, dignes d'être présentés à Leurs Majestés. — Le costume devra être exact et complet avec la riche élégance qui lui a été conservée chez vous. »

Avant de remonter en voiture, l'impératrice voulut bien accepter un élégant album que lui présenta le maire de Brest ; il portait les portraits à l'aquarelle des paysans bretons, en grand costume traditionnel, dessinés par M. Caradec, artiste distingué de la ville de Brest, dont on peut admirer un grand nombre d'œuvres au musée. Cet album contenait, en outre, l'hommage poétique suivant :

MADAME,

Sous le poids des grandeurs, si Votre âme affaissée
Parfois cherche un repos qu'exclut le décorum,
Aux bords armoricains portez Votre pensée ;
Revenez parmi nous en ouvrant cet album.
De nos francs bas-bretons revoyez les visages
Aux ardeurs du soleil brunis dans leurs travaux.
La gloire du pays les vit à tous les âges
Travailleurs dans les champs, braves sous les drapeaux.
Quand le soir du labeur a fermé la carrière
Et les ramène heureux au chaume hospitalier,
Votre nom vénéré se mêle à la prière
Qui, pour monter au ciel, part de l'humble foyer.
Vous êtes du logis l'auguste protectrice ;
Ils bénissent les dons tombés de votre main ;
Tous, le cœur plein d'amour, voient en l'Impératrice
L'Ange consolateur qui les suit en chemin.
A leur pieux respect laissez une espérance ;
Celle qu'ils revivront dans Votre souvenir :
Vous aimer... c'est avoir de l'amour pour la France !
Vous aimer... c'est aimer le Dieu qu'il faut bénir !

L'entrée de la bibliothèque de la ville se trouve du côté de la rue Saint-Yves. La bibliothèque est ouverte tous les jours de la semaine, les dimanches et les lundis exceptés, de dix heures du matin à quatre heures de l'après-midi, et le soir de six heures à neuf heures trois quarts. En l'an II de la République, les livres qui composaient la bibliothèque de l'antique abbaye de Saint-Matthieu furent transportés à Brest et déposés dans la maison que possédait le *Bureau des Marchands*. Les ouvrages provenant du couvent des Carmes de Brest et des capucins de Recouvrance furent plus tard joints à ceux de l'abbaye de St-Matthieu pour former la bibliothèque du district.

Le district, sous la direction duquel était placé ce dépôt, jaloux de conserver de si grandes richesses, installa les salles du bureau des marchands, et en fit faire un local propre à placer les livres qui appartenaient à la Nation. En l'an X, ce qui restait de ces volumes fut donné à la ville pour en former une bibliothèque. C'est ce fond qui a formé le noyau de la belle bibliothèque de la ville qui compte aujourd'hui quarante mille volumes environ.

Le musée a son entrée du côté de la rue de Traverse. Il est ouvert au public les jeudi, dimanche et jours de fêtes, de onze heures à quatre heures, mais on n'a qu'à se présenter pour être admis.

L'administration a voulu éviter aux visiteurs, autant que possible, les ennuis de démarches inutiles qui souvent rebutent et éloignent. C'est au mois de mai 1875 que le musée de Brest a été fondé, à la suite d'une exposition artistique à laquelle les habitants, propriétaires de toiles et de tableaux de prix, ont participé, en mettant, dans ce but, leurs richesses à la disposition de la ville. Le musée de Brest qui comme ceux de Nantes, de Rennes, de Quimper, a été formé surtout de dons particuliers et de la dépouille des collections rassemblées par des amateurs de notre grand port, contient des œuvres originales et inconnues. Les tableaux qui appartenaient à la Mairie de Brest, ont formé le premier fond du musée, ce sont :

1° Jason recevant de Médée l'herbe enchantée qui fera périr le dragon gardien de la toison d'or, par F. de Troy (1645-1730). Envoi du Louvre.

La composition de ce tableau est harmonieuse. Au premier plan, le chef des Argonautes, penché sur l'épaule de la magicienne reçoit l'herbe enchantée qui doit l'aider à endormir et à vaincre le terrible dragon, gardien de la toison d'or. Deux divinités symboliques complètent le tableau. L'amour, l'arc détendu, vient de lancer sa flèche dans le cœur de la fille d'Éétès, roi de la Colchide, le dieu Hymen tient déjà son flambeau allumé pour l'union des deux amants.

C'est sans doute en témoignage de la chaude température produite par tous ces feux, que le peintre a placé dans un coin de sa toile, un chien maigre se désaltérant, à grandes lampées, dans un cours d'eau.

2° Saint-Jean-Baptiste (École Vénitienne) envoi du Louvre.

3° Néréïde (École de Van Dick) envoi du Louvre.

Assise sur un vigoureux dauphin, cette jeune femme, l'une des cinquante filles de Nérée et de Doris, parcourt, l'air insouciant, la plaine liquide des mers. Le développement de sa ceinture ne laisse aucun doute sur son état. Ce n'est plus un mystère, surtout pour les deux amours qui la suivent, car respectant la tranquillité de leur compagne, les malins enfants passent leur temps à se lutiner entre eux.

4° Fleurs (École Italienne) attribué à Cerquozzi, (1600-1660) envoi du Louvre.

5° Le génie de la Liberté confiant le triangle de l'Égalité à la Justice.

Auteur inconnu. Envoi du Louvre.

Ce tableau doit remonter au siècle de Louis XIV dans lequel le genre allégorique était fort en vogue. Le Génie de la Liberté, ou plutôt le Génie de l'Indépendance tient une épée nue à la main, remet le triangle égalitaire à la Justice, aux pieds de laquelle gisent casques, lances et boucliers. Derrière ce premier groupe se tient un personnage armé, qui n'est autre que Minerve, la déesse de la sagesse, des sciences et des arts.

C'est un tableau de peinture décorative.

6° Combat naval, par Leguen, de Brest, ex-pensionnaire de la ville, à Paris.

Cette toile est bien éclairée. Les lames déferlent exactement, la poupe du vaisseau français, qui remonte à Louis XIV ou à Louis XV, est peinte avec un soin tout particulier.

Le vaisseau anglais, pris en enfilade, fuit sous ses huniers.

7° Combat naval par le même.

Ce tableau est le pendant du précédent.

L'action est plus récente, et c'est le drapeau tricolore qui flotte au-dessus du vaisseau français. Son grand et son petit mât de hune sont abattus par le feu de l'ennemi. Tous ces navires sont bien assis sur l'eau, mais la mer trop dure n'est pas aussi bien traitée que dans le tableau précédent.

8° Le *Vétéran* fuyant la flotte anglaise dans la baie de Concarneau, par Bouquet.

Ce tableau nous représente un épisode de guerre de ce siècle. Le prince Jérôme Napoléon, appelé au trône de Wesphalie avait quitté avec le *Vétéran*, qu'il commandait, l'escadre de l'amiral Willaumez. Rendu sur les côtes de France, il reçut la chasse d'une division anglaise et ne dut son salut qu'à la présence à bord d'un pilote breton qui réussit à faire entrer le navire dans la baie de Concarneau. Le tableau nous représente le *Vétéran*, naviguant grand largue et envoyant encore aux anglais une bordée par ses sabords de retraite. La terre, ainsi que la mer, est bien traitée, et il y a des échappées de lumière d'un très bel effet.

9° Vue de Venise (copie du tableau de Ziem qui se trouve au Luxembourg).

10° La mort d'Eurydice. (D'après le tableau du Louvre, par V. Poussin).

L'original, peint en 1659, était la propriété du roi Louis XIV, et se trouvait à Versailles.

A droite, assis sur une pierre, Orphée inspiré, chante en s'accompagnant de sa lyre ; deux femmes assises à ses pieds et un jeune homme debout l'écoutent avec attention. Vers le milieu de la composition, Eurydice, occupée à cueillir des fleurs, vient d'être piquée par un serpent, et la corbeille qu'elle tenait s'est échappée de ses mains. Plus loin, sur les bords du Pénée, qui traverse le tableau, un pêcheur à la ligne. Dans le fond, des hommes qui se baignent, d'autres qui remorquent des bateaux. Le paysage représente une vue du pont et du château St-Ange.

11° Vue des environs de la rade de Toulon, par Curzon, (envoi du Louvre).

12° Vue de Douarnenez, par Godefroy.

Cette toile se fait remarquer par le calme et la poésie du paysage.

Le cadre de ce volume ne comporte pas que je donne ici la description de tous les tableaux, objets d'art, etc., qui composent aujourd'hui le musée de Brest ; un catalogue des mieux établis par son conservateur, M. Hombron, très-compétent et artiste très-distingué lui-même, satisfait entièrement au désir des visiteurs. Cependant, je crois devoir dire encore quelques mots des œuvres principales qui sont venues successivement enrichir notre musée depuis le jour de sa formation.

Parmi ces tableaux, le *Dernier Barde* de M. Yan-Dargent, mérite une mention spéciale. Le visiteur peut admirer l'effet décoratif de ce tableau, mais peut-être le sens de la composition lui échappe. Il se demande s'il assiste aux ébats d'une troupe d'hallucinés, ou bien à la mise en scène d'une de ces sombres légendes nées sous le ciel gris de notre Bretagne. Voici, d'après le peintre lui-même, le sujet de la composition : « Le dernier Barde, représentant de la poésie et des vieilles traditions bretonnes, meurt dans la froidure et le délaissement, tandis que poëtes, peintres, sculpteurs et musiciens courent après la Fortune. La nature donne à cet abandon des marques de réprobation sur tous les tons, depuis la douleur élevée et calme jusqu'au sarcasme strident. »

Ce vieux Barde à qui la neige va faire un linceul, c'est tout un passé qui s'écroule. Le vieillard déguenillé est étendu sur la neige, la face bleuie, l'œil terne, le corps inerte. L'un de ses bras s'allonge sur le sol, l'autre est fléchi sous le torse. Quelques mèches de cheveux gris flottent sur le visage tourné vers la terre. Sa main laisse échapper sa bombarde; son vieux livre dont le vent disperse les feuillets; ses sabots et ses béquilles gisent à ses côtés. Son chien hurle. La neige fait ressortir la teinte sombre de la peau brunie par le hâle.

Au second plan, des arbres aux troncs noueux, à l'écorce noire et rugueuse, aux branches dépouillées, affectent des attitudes désespérées, plaintives ou indignées. Entre la ligne brune de l'horizon et le ciel gris, s'ouvre une bande lumineuse d'une teinte pâle d'émeraude. Sur cette zone pâle se profile la Fortune qui, la robe flottante, l'écharpe au vent, les bras écartés, passe sur sa roue tournante en répandant à pleines mains ses faveurs sur la troupe haletante et rampante de ses courtisans.

Enfin, sur un pan plus rapproché, un troubadour moderne, une guitare sur le dos, pâle, effaré, n'osant regarder en arrière, s'éloigne avec une inquiétude visible d'un groupe d'arbres dont l'attitude n'a pour lui rien de rassurant.

Yan Dargent nous a peint la mort du dernier Barde.
De sa main défaillante a tombé la bombarde
Dont les sons réveillaient d'harmonieux échos.
Les bretons attristés contemplent son cadavre
Etendu dans la neige et la douleur les navre,
Il semble qu'on entend retentir leurs sanglots.

Le livre du vieux barde a roulé dans la neige
Et la mort n'attend plus qu'un funèbre cortège
Qui doit accompagner le dernier Ménestrel ;
Contre cet abandon proteste la nature,
Comment interpréter cette grande peinture ?
Le dernier barde est mort, son livre est immortel.

La neige sur le sol forme une épaisse croute.
Le chien qui dirigeait l'aveugle dans sa route
A la corde qu'il tire est toujours attaché.
Le maître porte encor sa pauvre gibecière,
On voit qu'il est tombé, la face contre terre,
Pieds nus, le malheureux pour mourir s'est couché.

> Comme le vieil Homère, aveugle et sans famille,
> Le Barde dans sa chûte a lâché sa béquille.
> Il n'a pour vêtements que d'ignobles lambeaux.
> L'hiver a sur sa face imprimé des morsures.
> Les pieds endoloris ont perdu leurs chaussures...
> Cherchez auprès de lui sa paire de sabots.

> Que j'aime à contempler la toile allégorique
> Sur laquelle un des fils de la vieill' Armorique
> De la Bretagne en deuil exprime les douleurs !
> Sous ses coups de pinceaux il anime la toile ;
> A travers les frimas je vois poindre l'étoile
> Dont les divins rayons doivent sécher nos pleurs.

Un des nombreux tableaux devant lequel le visiteur ne peut passer sans s'arrêter, c'est *l'automne en Bretagne*, de Camille Bernier. Un soleil de la saison, un soleil oblique, éclaire le paysage ; ses rayons passent derrière une haie, située à gauche du tableau, et à l'ombre de laquelle des vaches largement tachetées de blanc ruminent, ou paissent un maigre gazon. A travers les arbustes qui couronnent la haie se dessine le pignon d'une maison dont la cheminée laisse échapper un imperceptible filet de fumée blanche. La lumière dore au passage de grandes touffes de feuillage jauni et vient dessiner les ombres allongées de deux paysannes qui marchent vers le spectateur. Au fond du paysage, à l'extrémité des talus, une paysanne et une vache blanche tournent le coude de la route.

M. Bernier n'est pas né en Bretagne, mais il s'est naturalisé breton.

Citons encore une nature morte de M. Hombron, ayant figuré au salon de 1878.

En mourant, madame Riou-Kerhalet est venue enrichir la bibliothèque et le musée de la Ville, par le don qu'elle a fait de plus de deux mille volumes, de statuettes en bronze et en terre cuite, et de tableaux, dont plusieurs de valeur tant par le nom de leur auteur que par l'exécution du sujet.

Avant de quitter le musée, je crois devoir encore signaler à l'attention, le drame maritime, le combat célèbre de la *Surveillante* et du *Québec*, de Gilbert.

Marie-Antoinette à la Conciergerie qui a figuré au salon de 1880. C'est l'œuvre de M. Théophile Gide, élève de P. Delaroche et de L. Cogniet.

La mort du premier né, par M. Frank Penfold, qui a obtenu un succès au salon de 1882. Intérieur breton bien étudié et histoire malheureusement trop commune des espérances et des joies maternelles trop tôt déçues.

La mort de Jézabel, de M. Gabriel Gay, tableau qui a figuré avec un entier succès au salon de 1888, et dont l'auteur à une voix près, a touché la 2ᵉ médaille.

BANQUE DE FRANCE. — En continuant à parcourir les rues de la ville, nous rencontrons sur le boulevard Thiers, à la tête du pont, la *Banque de France*, bâtiment d'une construction toute récente, et entouré d'une grille en fer. La situation, le terrain, tout se prêtait pour faire de la banque un monument élégant ; il semble que c'est à plaisir qu'on s'est ingénié à n'en faire qu'un bâtiment sans grâce et placé tout de guingois par rapport au boulevard. Peut-être, et c'est là la seule excuse, a-t-on été forcé, dans la circonstance, d'obéir à des exigences imposées à toutes les Banques de France pour l'orientation et la construction de ce monument ?

MARCHÉ COUVERT DE LA PLACE SAINT-LOUIS. — Dans la rue de la Mairie, nous pénétrons sous le Marché couvert. Ce marché, composé de deux travées couvertes en zinc a été construit en 1844-1845. Une des travées est réservée aux légumes, aux fruits, aux fleurs; dans l'autre, est installée la poissonnerie.

Dans l'espace découvert compris entre les deux travées, se trouve une fontaine jaillissante qui entretient la fraîcheur des légumes et des fleurs.

MAIRIE. — La Mairie se trouve dans la rue à laquelle elle donne son nom. Jusqu'en 1762, on appela cette rue la *rue des Jésuites* à cause de la chapelle appartenant à cette congrégation, aujourd'hui chapelle de l'ancien hôpital Saint-Louis qui se trouve en face de la Mairie. L'hôtel de ville fut acheté en 1756, à M. Chapizeau, par délibération du 2 octobre, pour une somme de vingt-sept mille livres.

Au commencement de ce livre, j'ai parlé de la cérémonie assez curieuse qui se pratiquait autrefois à Brest, lors de l'installation d'un maire ; il ne doit pas être indifférent de connaître l'édit de Louis XIV portant création des maires et des privilèges qui leur étaient accordés, donné à Versailles, en août 1692, de son règne le cinquantième :

« Les maires auront une clef des hôtels de ville ; ils allumeront les feux de joye ; porteront la robe, ensemble les autres ornements accoutumez, même la robe rouge dans les villes où les officiers de nos présidiaux ont droit de la porter, auront entrée en séances comme députez nez de la Communauté aux États, que nous faisons convoquer dans nos provinces et païs d'État. »

Déjà, au mois de juillet 1681, Louis XIV avait ordonné que le maire de Sa ville de Brest fut appelé à la tenue des Etats de la province pour avoir scéance et voix délibérative ainsi que les députés des autres communautés et avec mesmes privilèges et droits.

En 1682, il fut ordonné : « 1° Qu'en la maison commune de la ville de Brest il serait établi une Audience publique de police, tous les jeudys de chaque semaine et à dix heures du matin, pour y être fait et ordonné de tout ce qui concerne la dite police.

2° « Qu'à ce bureau assisteraient les Maire, Eschevins et Conseillers de ville actuellement en charge, et présiderait le Sénéchal juge ordinaire de la ville, et en son absence l'alloué ou lieutenant de la juridiction, soit pour prendre et recueillir les voix des dits maires, eschevins et conseillers de ville, ouïr et interroger de vive voix les parties, prononcer les sentences, et toutes autres préséances qui appartiennent au premier juge d'une compagnie, et en leur absence, le maire, ancien eschevin ou conseiller pourront présider la dite communauté audience avec les mêmes préséances. »

Ce règlement rencontra, il faut le croire, quelques difficultés dans son exécution, car je trouve à la date du 21 décembre 1684, un arrêté du Conseil d'Etat ainsi conçu : « Veu par le Roy estant en son conseil le règlement fait sous le bon plaisir de Sa Majesté entre les juges, maire et eschevins de Brest pour terminer à l'amiable leurs différants, sur les rangs dans l'hôtel commun. 1° Que le règlement du 27 juillet 1682 pour raison de quelques contestations survenues entre les habitans de la dite ville de Brest et de Recouvrance au sujet de l'établissement d'une communauté qui les réunit en un mesme corps, sera exécuté selon sa forme et teneur et qu'en conséquence celui des juges qui se trouvera à l'hôtel de ville sera dans une chaise sans bras à la gauche et à côté de celuy qui présidera l'assemblée. 2° Que le bureau en charge sera sur un banc à droite et le long de la table, et l'ancien bureau à gauche. Le sieur Procureur du Roy sera dans l'angle et hors la ligne sans avoir personne devant lui. »

Les habitants de Recouvrance n'avaient pas d'ailleurs accueilli avec satisfaction la fusion des deux côtés de la ville en une seule et même communauté. Des contestations avaient pris un caractère assez sérieux pour que dès l'année 1682, M. le duc de Chaulnes, gouverneur de la province intervint, et dès le 14 juillet de cette année, qu'il arrêtât un réglement qui fut sanctionné par le roi le 27 du même mois. « Pour assoupir les différens que diverses contestations ont fait naître entre les habitants de Brest et de Recouvrance, au sujet d'une communauté qui les réunit en un même corps, nous leur défendons toutes sortes de procédures les uns contre les autres, et d'agir par aucune animosité pour maintenir leurs prétentions. »

La coutume était de faire élection d'un nouveau maire en la dite ville de Brest de trois ans en trois ans. « Au bout des trois ans, le premier dimanche du mois de décembre, tous les bourgeois et habitants des villes de Brest et de Recouvrance devaient se trouver à la grand'messe paroissiale dite et célébrée le dit jour, dans l'église des Sept-Saints, au nom du Saint-Esprit, et à l'endroit du prosne, deux des principaux d'entre eux étaient députés vers Monsieur le Gouverneur, pour le supplier de faire élection d'un nouveau maire, et de vouloir bien honorer la compagnie de sa présence. Le gouverneur arrivé en l'église avec les dits députés, on commençait à procéder à l'élection, et la voix des suffrages d'un chacun des habitants recueillie par l'un d'entre eux, et celui ayant le plus de voix était tenu pour élu, sous le bon plaisir toutefois du gouverneur. Le premier jour de l'an arrivé, la grand'messe se disait solennellement en l'église des Sept-Saints. »

Nous avons vu au commencement de ce livre avec quel cérémonial, le maire élu prenait possession de ses nouvelles fonctions.

CHAPELLE DE L'ANCIEN HOPITAL SAINT-LOUIS. — Cette chapelle, en face de la Mairie, élevée en 1740, est construite dans le style Jésuite adopté par la compagnie. Un aumônier de la marine y dit la messe le dimanche, jour où la chapelle est ouverte aux personnes munies d'autorisations de l'autorité maritime.

ANCIEN HOPITAL SAINT-LOUIS. — C'est ce bel édifice, composé d'un pavillon central et de deux ailes, surmonté d'un dôme élevé en 1686, et construit pour servir de grand séminaire aux Jésuites. Devenu hôpital, l'ancien séminaire put convenir à sa nouvelle destination, mais après la construction de l'hôpital Clermont-Tonnerre, cet édifice a été affecté au casernement des troupes.

MUSÉE D'ANATOMIE. — Le musée d'anatomie situé au bas de l'esplanade de cet ancien hôpital Saint-Louis mérite aussi d'être mentionné. Pour l'étude de l'anatomie comparée des différentes races humaines, on a suivi la classification de Cuvier, et réuni dans ce musée des têtes naturelles rapportées d'outre-mer par des officiers de santé, ou des têtes de forçats suppliciés. Ces dernières indiquant les travaux des célèbres physiologistes allemands Gall et Spurzheim, ont été généralement moulées en plâtre sur les sujets. On remarque particulièrement dans cette collection, la tête de Marsaud, n° 1613, et celle de Coignard, dit le comte de Ste-Hélène, n° 1593. Coignard est cet aventurier célèbre qui après avoir été condamné en 1801, à quatorze années de galères, pour vols, et après avoir subi quatre ans de cette peine à Toulon, trouva le moyen de s'évader et de passer en Espagne. Rentré en France sous le faux nom de comte de Ste-Hélène, il parvint à se faire nommer lieutenant-colonel de la légion de la Seine. Reconnu, lors d'une revue, par un forçat libéré, son ancien compagnon de chaîne, malgré son uniforme et ses décorations, il fut dénoncé à la préfecture de police. Condamné en 1819 aux travaux forcés à perpétuité, il est mort au bagne de Brest, où il exerçait, — dit-on, — une grande influence sur ses compagnons.

Au musée d'anatomie, on voit aussi un grand nombre de monstruosités humaines ou animales, des squelettes d'hommes, de femmes et d'animaux, ainsi que des tableaux et des pièces artificielles offrant les moyens d'étudier les diverses lésions du cœur humain.

QUARTIER DE LA MARINE. — Dans la même rue, en se dirigeant, à droite, vers l'hôpital de la marine, on rencontre le Quartier de la marine, grande caserne, à façade monumentale, longue de 250 mètres. Le pavillon sud est occupé par le major général de la marine. C'est dans les bureaux de ce chef de service que se délivrent les permissions nécessaires pour visiter l'arsenal, et c'est là que les étrangers doivent au préalable se présenter pour obtenir cette autorisation.

OBSERVATOIRE DE LA MARINE. — L'observatoire installé en 1819, se trouve dans le pavillon central. On y règle les chronomètres des vaisseaux; un fil électrique, communiquant de cet observatoire à un mât de signaux, fait tomber une boule qui indique l'heure de midi aux navires sur rade.

Une vaste esplanade en avant du Quartier sert aux manœuvres des troupes d'infanterie de marine qui y sont casernées.

C'est sur cette esplanade que le 4 août 1789, les corps de la marine prêtèrent le serment national. Cette cérémonie fut l'objet d'un spectacle aussi extraordinaire que solennel dans les annales de la ville de Brest.

En voici d'ailleurs la relation: « Un immense bataillon carré, composé de cinq divisions du Corps Royal des canonniers matelots, et de la compagnie des ouvriers d'artillerie des colonies et de la marine, couvrait l'esplanade. M. le comte d'Hector, lieutenant général des armées navales, commandant la marine occupait le centre, accompagné de plusieurs commandants d'escadres. M. le vicomte de

Marigny, major général, tenait à la main l'épée de commandement et se préparait à faire exécuter tous les mouvements. Un roulement général a annoncé l'arrivée du conseil général de ville et sénéchaussée de Brest, composé de tous les officiers municipaux. M. le comte d'Hector s'est avancé, avec son cortège pour le recevoir. Tout ce qui peut caractériser la franchise, la cordialité et la satisfaction la plus vive, était en ce moment peint sur les visages. Le maire s'est détaché pour se mettre dans l'endroit où il pouvait être le plus en évidence, et là, découvert, et ayant la main droite levée, ainsi que tous les membres du conseil, il a, comme il avait fait à Recouvrance en présence du régiment de Normandie, proféré à haute voix, au nom de la ville, le *Serment National*. Les cris de *Vive le roi ! Vive la Nation !* se sont à l'instant mêlés aux accords harmonieux d'une marche guerrière, jouée par l'excellente musique de la marine. M. le vicomte de Marigny ayant reçu l'ordre de prêter le serment au nom de la troupe, cet officier s'est également placé dans le lieu le plus apparent. Là, après avoir énoncé le commandement de tenir la main droite levée, il a pris lui-même cette attitude ; et, ayant jeté un regard sur tous les rangs, pour les avertir que le moment était venu de s'unir avec lui d'esprit et de cœur dans cette confédération patriotique, il a proféré le serment avec toute l'énergie, toute l'onction, toute la sensibilité d'un militaire citoyen.

M. le comte d'Hector pénétré de l'émotion que le major général venait de faire naître, s'est empressé d'y ajouter encore, s'il était possible, en s'écriant qu'il confirmait le même engagement tant en son propre nom qu'en celui des officiers de la marine du département. M. le comte d'Hector, ayant la main droite levée, ainsi que les officiers qui l'environnaient, s'efforçant de donner à sa voix toute l'étendue que le sentiment pouvait fournir à cet organe affaibli par l'âge, a prononcé alors le serment national avec toute la dignité, tout l'intérêt que comportait cet acte auguste et solennel. Les cris de Vive le Roi ! Vive la Nation ! ont à l'instant éclaté de toutes parts, et n'ont été interrompus que par des sons mélodieux qui rappelaient à tous les auditeurs attendris le fameux « *Quatuor de Lucile.* »

Dans la même journée, le régiment de Normandie ayant pour colonel M. de Lambertye, en garnison à Recouvrance, avait prêté le serment dans cette partie de la ville, sur l'esplanade de la caserne de Larc'hantel. Le régiment de Beauce ayant pour colonel le marquis de Roquelaure, qui était caserné au château de Brest, l'avait prêté également, sur la place du Château, ainsi que la *Milice* composée de six mille bourgeois armés, tous anciens militaires et jeunes citoyens.

Un autre édifice, dans la rue de la Mairie, et dont je n'ai pas parlé quoiqu'il ait bien aussi son histoire, c'est une grande et vieille maison que je ne signale pas au touriste pour qu'il aille la visiter, elle n'a absolument d'intérêt que les souvenirs qui s'y rattachent, et c'est uniquement ce qui me porte à en dire quelques mots dans cet ouvrage. Cette grande maison dont la façade est triste, dont les fenêtres à petits carreaux, très éloignées les unes des autres sont sans persiennes, et dont les fenêtres du rez-de-chaussée sont garnies de leurs barreaux de fer, a cherché mais bien en vain, à dissimuler son âge sous un maquillage de chaux blanche.

On se demande en passant, est-ce une prison ? est-ce un hospice ? ce n'est ni l'un ni l'autre. Cette maison est celle que l'on désigne sous le nom de *Bureau des Marchands*. Elle fut bâtie par la corporation des marchands de Brest.

C'était la corporation aristocratique de la ville.

En 1712, le 24 septembre, les marchands de drap, de soie, les merciers, les *clincailliers*, comme on les nommait alors, sollicitèrent l'autorisation de former une confrérie. Au mois de juin 1713, les statuts, qu'ils avaient présentés furent approuvés. Le bureau des marchands recevait toutes marchandises de draperie, mercerie, joaillerie, quincaillerie, épicerie, droguerie et autres qui étaient apportées dans la ville et dans les faubourgs de Brest et de Recouvrance, soit pour les marchands de la ville, étrangers, forains ou autres, même celles qui ne faisaient que passer, étaient obligées d'être présentées au bureau, pour y être vues, visitées et marquées par les gardes si elles étaient en bon état et bien fabriquées. En 1792, la maison des marchands fut, comme les biens de toutes les communautés, saisie par la Nation et donnée à la ville pour y installer plusieurs services publics. C'est dans cette maison que furent déposés et conservés les livres provenant de l'abbaye de Saint-Matthieu, des couvents des Carmes et des Capucins, qui devaient former la bibliothèque du district et commencer la fondation de la bibliothèque de la ville. Depuis lors, cette maison a toujours servi pour les écoles communales.

Avant de passer sur la rive de Recouvrance disons encore que Brest possède plusieurs sociétés littéraires, ou du moins qui ont été fondées comme telles.

1° *La Société des Vêpres*. C'est le cercle littéraire le plus ancien de Brest. Le 15 décembre 1792, l'autorisation fut donnée aux citoyens Massac, commissaire de la marine, et Torrec-Bassemaison, négociant, ainsi qu'à ceux qui se joindraient à eux de le former. On a dit que son nom lui vient de ce que ses membres, dans le principe, se réunissaient particulièrement à l'heure des vêpres ; mon opinion est plutôt qu'ils se réunissaient le soir, au moment de la *vesprée*, de la soirée autrement dit, et que le nom de cette société vient de là.

2° La société littéraire, dite *Société d'Émulation* porte ce nom depuis le 13 février 1834 ; elle a été fondée le 28 mars 1822, sous le titre d'Académie de Brest.

3° *La Société Académique* fondée en 1858. Par décret du 16 août 1880, elle a été reconnue d'utilité publique.

RECOUVRANCE. — Du côté de Recouvrance, nous n'avons rien de bien remarquable à signaler. Cependant, dans la rue de l'église se trouve une fontaine dont la table en Kersanton porte l'inscription suivante gravée en creux :

> Si vestram Bretense
> Sitim si consule
> Lunven
> Unda levat memori
> Pectore munus habe.

Traduction : Si ta soif, Brestois, si ta soif grâce au maire Lunven est apaisée par cette onde, gardes-en souvenir dans ton cœur reconnaissant.

Lunven est le nom du maire qui fut élu le 25 février 1769, et installé le 5 mars suivant. En 1772, à la mort de ce maire, la municipalité décida que ses funérailles seraient célébrées aux frais de la ville. Ce fut une affaire de 569 livres 4 sous 9 deniers. Le service funèbre célébré dans l'église Saint-Louis à l'occasion de la mort de Louis XIV coûta un peu moins cher à la ville. Il donna lieu à une dépense de 395 livres, 19 sous.

Le maire et tous les membres de la communauté assistèrent à cette dernière cérémonie en manteau, et un crêpe au chapeau.

CIMETIÈRE DE BREST. — Les funérailles du maire Lunven et le service funèbre célébré à Brest à l'occasion de la mort de Louis XIV, m'amènent par une pente presque insensible, à parler du cimetière de Brest. Juste en face de l'église de Saint-Martin, partie annexée, en dehors des remparts, on aperçoit la grille du cimetière. Dans toute la Bretagne, le culte des morts est l'objet du respect et de la vénération de ses habitants, mais à Brest plus particulièrement peut-être encore qu'ailleurs, le lieu du dernier repos est l'objet de soins touchants, d'attentions délicates et de tous les jours, de la part de ceux qui survivent aux êtres regrettés qui leur furent si chers en ce monde. Les monuments élevés à la mémoire des morts sont nombreux. Bien entretenus, ils sont constamment couverts de fleurs et de couronnes, que des mains pieuses ne cessent d'y renouveler sans cesse. Les arbustes du pays, en compagnie des arbustes exotiques les plus variés, font en quelque sorte, et en toute saison, du cimetière de Brest, un jardin fleuri : au printemps, le lilas exhale son frais et pénétrant parfum auquel vient se mêler celui des giroflées et des violettes ; à l'automne, des chrysanthèmes sans nombre répandent partout d'âcres senteurs, et, un peu plus tard, lorsque la froidure de l'hiver commence à ne plus se faire aussi rigoureusement sentir, les inscriptions gravées sur les marbres disparaissent en partie sous l'abondance des fleurs rouges, blanches ou panachées que la brise du soir enlève aux camélias, pour les éparpiller après les avoir effeuillées, sur les tombes qui les avoisinent. Du cimetière de Brest, placé sur le versant d'une colline, la vue s'étend sur la mer, et le grand murmure des flots berce encore, dans les nuits de tempête, le sommeil des trépassés, le sommeil de ces vieux marins bretons, étendus dans leur tombe, le front tourné vers l'endroit de l'Océan où le soleil se couche, et d'où ils pourraient, si leur regard n'était éteint pour jamais, contempler encore et suivre à l'horizon, la voile blanche du navire qui les emporta tant de fois vers des rives inconnues et lointaines.

Ce fut en 1759, que la ville acheta à M. Du Frout-Ven le champ où est le cimetière actuel. A quatre reprises différentes ce cimetière a été agrandi.

Au nombre des monuments funéraires, on peut citer : la colonne élevée à la mémoire des vingt-six administrateurs du Finistère, exécutés en 1794 ; la chapelle Kindelan ; celle du docteur Potel, victime de son dévouement, et érigée par la ville en hommage de reconnaissance ; la tombe du baron Lacrosse, député, puis sénateur; celle du médecin Duverger, élevée par délibération du Conseil municipal du 20 mai 1861 ; le buste en marbre blanc du médecin Duverger est d'une ressemblance frappante;

le petit monument, chef-d'œuvre de sculpture, par M. Poilleu, et qui a obtenu la médaille à l'exposition de Londres, en 1851 ; le tombeau de M. Penquer, maire de Brest, etc., etc.

Le monument élevé à la mémoire de M. Penquer, mort le 18 juin 1883, a été voté par le Conseil municipal le 27 décembre de la même année. Le médaillon portrait de M. Penquer est l'œuvre du sculpteur Bartholdi ; il a été offert par M. Camille Bernier, ami de la famille, et l'auteur du beau tableau de notre musée, l'*Automne*.

Le monument qui a été fondé à la mémoire des vingt-six administrateurs du Finistère, exécutés en 1794, est la haute pyramide en Kersanton que l'on remarque à droite en entrant dans le cimetière.

En 1794, les vingt-six membres du Conseil général du Finistère furent accusés d'avoir formé une conspiration contre la liberté du peuple français et l'autorité légitime de la Représentation nationale ; la plus sérieuse de toutes ces inculpations était relative à l'organisation et à l'envoi d'une force départementale à Paris.

Ils furent condamnés le 3 prairial an II (22 mai 1794) à la peine de mort, et exécutés le jour même de leur condamnation sur la place du Château ; ce fut un jour de deuil pour Brest.

La Bretagne honora de regrets presque unanimes, la mémoire de ces citoyens distingués, si éprouvés par le sort, et qui avaient montré dans de pénibles circonstances, les plus rares qualités et le plus grand désintéressement. Les vingt-six malheureuses victimes de cette époque tourmentée étaient :

1. De Kergariou (François-Louis), ancien maréchal de camp.

2. Brichet (Mathurin-Michel-Marie), homme de loi.

3. Aymez (Jacques-Rémy), négociant.

4. Morvan (Olivier-Jean), homme de loi.

5. Guillier (Louis-Jean-Marie), marchand.

6. De Bergevin (Pierre-Marie), homme de loi.

7. Dubois (Joseph-Marie), juge au tribunal du district de Landerneau.

8. Doucin (Thomas-Bernard), homme de loi.

9. Derrien (Louis), cultivateur.

10. Postec (Yves), cultivateur.

11. Cuny (Antoine), négociant.

12. Le Roux (Guillaume), marchand de toile.

13. Le Prédour (Louis-Joseph-Marie), homme de loi.

14. Daniel-Kersaux (Yves).

15. Expilly (Louis-Alexandre), évêque de Quimper.

16. Herpeu (Guillaume), juge au tribunal du district de Pont-Croix.

17. Mérienne (Jean-Louis), sous-chef des vivres de la marine.

18. Malmanche (Charles-François), chirurgien, ancien maire de Brest.

19. Banéat (Charles-François), cultivateur.

20. Le Pennec (Jean-Marie), homme de loi.

21. Le Toux (Julien), juge au tribunal du district de Quimper.

22. Déniel (François-Marie), cultivateur.

23. Moulin (Julien), militaire réformé.

24. Le Gac (Yves), homme de loi.

25. Piclet (Louis), homme de loi.

26. Le Denmat-Kervern, homme de loi, ancien maire de Morlaix.

A côté du nom de ces malheureuses victimes, plaçons ceux des accusateurs et des juges qui composaient, à cette époque, le tribunal révolutionnaire de Brest, et rendons à chacun la justice qui lui revient.

Ragmey, président.
Palis } Juges.
Le Bars
Donzé-Verteuil, accusateur public.
Bonnet
Grandjean } Adjoints.
Marion
Quémar } Greffiers.
Cabon
Hanss, exécuteur des jugements criminels.

Mon plan n'est pas d'entrer ici dans les détails sur les faits ou les crimes qui ont été reprochés à ce même tribunal révolutionnaire. Il arriva un moment où la Convention Nationale, par un décret du 16 prairial an III (4 juin 1795), ordonna sa mise en accusation en raison des différents délits qui leur était imputés par la Commune de Brest. « Ceux des dénommés ci-dessus, — disait ce décret, — qui ne sont pas détenus, et notamment Ragmey, président; Le Bars et Palis, juges ; Cabon, greffier ; Bonnet, Grandjean, Marion, substituts ; seront mis en état d'arrestation. »

Qu'étaient ces personnages ? D'où venaient-ils ? Que devinrent-ils ?

Ragmey, né le 17 janvier 1762 à Lons-le-Saulnier, où il exerçait avant la Révolution le métier d'avocat, se retira, dit-on, à Anvers. Après 1830, il revint à Paris, et finit paisiblement ses jours dans un faubourg de cette ville, vers 1837, âgé par conséquent de 75 ans.

Palis, né dans le Cantal, vers 1768, était en 1788 étudiant au séminaire de Sainte-Barbe, et se destinait à l'état ecclésiastique. C'était assurément un assez triste personnage et d'une instruction médiocre. Dans un mémoire qu'il écrivit en 1793 : « Ma santé s'étant *délabré*, — dit-il, — par le régime *ostère* de la maison de Sainte-Barbe, le désespoir s'empara de moi, et je crus trouver le bonheur fugitif dans la vie religieuse, mais je ne tardai pas à connaître que j'étais entré dans le séjour de la débauche et de tous les vices humains. »

Ayant jeté le froc aux orties, Palis suivit les cours de chirurgie à Paris. Envoyé à Brest, en 1793, pour servir comme chirurgien dans la marine, il avait été précédé d'une réputation malsonnante, aussi y fut-il mal accueilli. C'était, en somme, un mauvais garnement dont les chefs ne purent jamais donner un avis favorable. On a imputé à ce Palis l'acte le plus monstrueux qui se puisse imaginer : après l'exécution de mademoiselle de Forsang, son cadavre encore chaud fut porté à l'hôpital de la marine, là il aurait été profané, dit-on, par ce misérable, capable de se rendre coupable de toutes les infamies.

Le Bars était né à Brest, le 19 août 1766. Il était fils d'un menuisier et menuisier lui-même. Supérieur par son intelligence à sa position sociale, il se trouvait déclassé, et le dépit qu'il en conçut ne fut pas sans influence sur sa cruauté qui n'épargna ni ses parents ni ses amis.

Donzé-Verteuil, qualifié de prêtre, ex-jésuite, était né à Belfort vers 1736. Moins brutal que Ragmey qui ne savait pas toujours se contenir, il était à l'occasion mielleux, patelin, comme ces animaux de la race féline qui caressent afin de mieux enfoncer leurs griffes ; ardent à la curée, il se faisait un plaisir de la poursuite, et la savourait avec délices. Donzé-Verteuil s'était retiré à Nancy, et c'est là qu'il mourut le 27 décembre 1818, âgé de quatre-vingt deux ans.

Bonnet, ancien secrétaire de Fouquier-Tinville, savait grouper avec un ordre machiavélique, les faits servant de motif ou de prétexte aux actes d'accusation dont il fut le rédacteur presque constant. Un œil de verre ajoutait par sa fixité, à l'aspect sinistre de son visage, aspect en harmonie avec son caractère. Jaloux de Donzé-Verteuil, il aspirait à le remplacer, et dans ce but, il écrivait à Fouquier-Tinville lettre sur lettre pour le dénoncer.

Grandjean était à Besançon lorsque la Convention rendit son décret d'arrestation.

Marion, François-Marie, exerçait ses fonctions à Lorient, lorsqu'un ordre de Jean-Bon-Saint-André, en date du 6 floréal, an second, l'appela à Brest, pour y remplir les fonctions de substitut de l'accusateur public, près le tribunal révolutionnaire. Cet ordre lui fut adressé par une lettre du même représentant, qui contenait elle-même une réquisition très-précise : voici cet ordre et cette lettre :

« Au nom du Peuple Français,

Brest, le 6 floréal de l'an II de la République Française, une et indivisible,

Le Représentant du Peuple dans les départetements maritimes de la République,

Arrête que le citoyen Marion, accusateur public près le tribunal criminel du département du Morbihan, séant à Lorient, se rendra sans délai à Brest, pour y exercer les fonctions de substitut de l'accusateur public.

Signé : Jean-Bon-Saint-André.
Duras, secrétaire de la Commission. »

« Citoyen,

Le tribunal révolutionnaire de Brest a besoin d'un substitut de l'accusateur public. J'ai jeté les yeux sur toi. Ton patriotisme et tes lumières ont déterminé mon choix. Je ne doute pas que tu ne te rendes sur-le-champ à ma réquisition.

Signé : Jean-Bon-Saint-André. »

La loi en vigueur punissait de dix ans de fer tout refus d'optempérer à l'arrêté d'un représentant, néanmoins Marion, qui ne se souciait pas d'occuper cette nouvelle position, s'excusa en disant que s'il quittait ses fonctions à Lorient, la chose publique en souffrirait. Il insistait pour être maintenu à son poste, mais le 26 prairial suivant, il reçut de Prieur et de Jean-Bon-Saint-André l'ordre impératif de se rendre à Brest, et il dut obéir :

« Nous t'envoyons, ci-joint, disait cet ordre, notre arrêté de ce jour auquel tu te conformeras en partant sur-le-champ pour Brest. Je donne des ordres au citoyen Brûlé d'aller te remplacer provisoirement. »

Aussitôt que les papiers publics annoncèrent qu'un décret de la Convention nationale traduisait devant le Directeur du jury de Brest les membres du tribunal révolutionnaire de cette ville pour être, contre eux dressé un acte d'accusation, s'il y avait lieu, Marion qui avait repris ses fonctions au tribunal criminel du département du Morbihan, séant à Vannes, écrivit un mémoire dans lequel il rejette toute participation aux actes reprochés au tribunal révolutionnaire de Brest.

« Cette nouvelle, écrit-il, a soulagé mon âme depuis longtemps oppressée sous la plus cruelle des préventions, et je bénis la Convention et la loi qui me mettent à lieu d'éclairer l'opinion de mes concitoyens, et d'écarter de moi le préjugé que le ressentiment le plus juste avait élevé contre les membres d'une autorité qui servit si bien la tyrannie. Citoyens du Finistère, qui ne connaissez de moi que mon nom, je pardonne à votre douleur de l'avoir détesté. Maintenant, je présente avec confiance ma conduite à votre examen, et ma tête à votre justice. Je n'ai résidé que deux mois et demi parmi vous; c'est trop longtemps sans doute, si j'y suis devenu criminel ; mais ce n'est pas assez pour que vous puissiez me juger sans me connaître sous tous les rapports, si d'ailleurs vous n'avez à m'imputer que d'avoir été appelé au tribunal révolutionnaire, sans m'accuser de forfaitures personnelles.

Dans les faits imputés au tribunal révolutionnaire de Brest, une grande partie est antérieure à mon arrivée à Brest, et les autres sont attribués à des membres du tribunal qui sont désignés, d'où il résulte qu'ils me sont tous étrangers, pas un seul ne m'est imputé. A l'égard des faits généraux dont on accuse le tribunal en masse, non-seulement je défie de prouver que j'y aie participé, mais même que j'en aie eu connaissance.

Vannes, le 4 messidor, an troisième,
Signé : Marion. »

Marion, né à Châteaulin le 23 avril 1769, est mort à Lorient en 1824, le 20 décembre. Il remplissait dans cette ville les fonctions de juge depuis l'année 1804.

De Quémar, on connaît peu de choses ; on sait seulement que lors de la cessation de ses fonctions de greffier, il avait été embarqué sur un vaisseau partant de Brest.

Hanss, le bourreau, ou Anse, comme quelques-uns écrivent son nom, était un cannibal altéré de sang. La boucherie humaine des vingt-six administrateurs lui fournit l'occasion de montrer combien la vue du sang avait d'attrait pour lui. Au lieu de laisser tomber les têtes dans le panier destiné à les recevoir, il les aurait rangées symétriquement sous les yeux des condamnés qui attendaient leur tour, dans l'espoir sans doute, mais il fut déçu, que ce spectacle ferait faiblir quelques-uns d'entre eux. On ignore généralement le lieu et l'époque de la naissance de Hanss. Il était arrivé de Rochefort à Brest en même temps que Laignelot. Hanss était d'une grossière ignorance. Voici la reproduction fidèle d'une note de ce vengeur du peuple en la possession de M. Guichon de Grandpont, commissaire général de la marine :

« *Pour le service de la Guilliotine pour le thibunal révolucionnère,*

J'ai de mende dix livres de savon bleancs et une éponge.

Brest, le 24 thermidor l'an 2me de la République Française une indicible.

Anse, *vengeur.* »

Il écrit son nom *Anse*, mais en connaissait-il mieux l'orthographe que celle de la langue française ?

On aime d'ailleurs à se persuader que ce cannibal n'était pas français.

Le nom Hanss ne lui assignerait-il pas une origine allemande ?

RADE DE BREST. — LE *Borda*. — Avant de commencer nos excursions dans les environs de Brest, nous allons, si vous le voulez bien, jeter un coup d'œil rapide sur sa rade, et faire plus entière connaissance avec elle. La rade de Brest est l'une des plus vastes et l'une des plus sures de toutes les rades de l'Europe. Au nord, elle est bornée par le Château; au sud, par les côtes de Lanvéoc, de Crozon, de Roscanvel; à l'ouest, par le goulet; ce goulet, que Pierre Le Baud, dans sa description topographique écrite au XVe siècle appelle *Morgul*, c'est-à-dire gueule de mer; à l'est-sud-est par la pointe occidentale de Plougastel.

En 1681, Vauban voulut la rendre imprenable à l'aide de deux forts qu'il imagina de construire : l'un sur la roche Mingan qui se trouve au milieu du goulet, l'autre, sur la Cormorandière qui gît à l'entrée de la baie; mais il échoua dans son projet à cause des insurmontables difficultés que lui opposa la mer.

C'est au milieu de cette belle rade parfaitement fermée, ne présentant vers la pleine mer qu'une ouverture appelée *goulet*, large de deux kilomètres environ, que se trouvent le vaisseau servant d'Ecole-Navale, le *Borda*; l'école des apprentis marins et novices, la *Bretagne*; l'école des mousses, l'*Austerlitz*.

Parmi les étrangers qui visitent Brest, beaucoup y viennent dans le but d'accompagner jusqu'à leur embarquement sur le vaisseau le *Borda*, leurs enfants admis à cette école-navale ; il ne saurait donc leur être indifférent de connaître à partir de son origine, l'historique de cette institution maritime.

Colbert, voulant créer une pépinière d'officiers propres à commander les vaisseaux avait, en 1666, convié les gentilshommes à entrer dans la marine. Un d'entre eux, M. de Cajac, répondit, parait-il, à cet appel, car dès 1668, on trouve sous la dénomination de Cajacs, cent gardes-marines qui, en 1670, s'appelèrent les Vermandois, du nom de l'amiral de France, et dont le chiffre fut porté à deux cents.

L'ordonnance de 1689 ne fit que conserver l'existence, arrêtée depuis 1681, des gardes, divisés en trois compagnies résidant à Brest, Toulon et Rochefort. Bien que Colbert eut prescrit de n'y admettre que des nobles, à l'exclusion des roturiers, les trois quarts étaient pris néanmoins dans la première catégorie, et le reste parmi des fils de famille. Ils devaient, les uns et les autres, faire preuve de catholicité, et subissaient des examens, soit pour être admis, soit pour obtenir le grade d'officier, en vue duquel une instruction leur était donnée dans chaque port. Une école composée de quatre-vingts élèves, sous le commandement d'un capitaine de vaisseau fut établie au Havre par ordonnance du 29 août 1773, que remplaça bientôt celle du 2 mars 1775, prescrivant la répartition de ces 80 élèves, avec le grade d'aspirants-gardes de la marine, entre les ports de Brest, Toulon et Rochefort. Viennent ensuite les collèges de Vannes et d'Alais créés en 1786. Ces collèges ayant été supprimés en 1791, on ne conserva que des écoles d'hydrographie, et les places d'officiers furent mises au concours.

La Convention, par son décret du 22 octobre 1795, établit à Brest, Toulon et Rochefort, des écoles spéciales dont les élèves étaient embarqués pendant six mois sur une corvette d'instruction, et y apprenaient l'art de la construction dans les ports. Deux écoles flottantes furent placées, l'une à Brest, sur le *Tourville*, l'autre à Toulon, sur le *Duquesne*.

A ces deux écoles succéda, en 1816, le collège royal d'Angoulême, où les élèves, désignés provisoirement par décision royale, n'étaient admis que comme de troisième classe, et d'où ils sortaient de première classe après avoir subi, dans l'intervalle, les examens voulus pour être reçus élèves de corvette. Un gymnase naval et un petit bâtiment mouillé dans la Charente étaient annexés au collège, comme moyens d'instructions, indépendamment de deux corvettes sur lesquelles les élèves, à leur sortie de l'école, faisaient des campagnes d'instruction. En 1826, le collège fut réduit au rôle d'école préparatoire, et, l'année suivante, eut lieu l'établissement d'un vaisseau-école, l'*Orion*, où l'on pouvait être admis par concours, ainsi que cela se pratiquait déjà au collège d'Angoulême depuis le 22 janvier 1824.

Bien que réorganisé en 1829, ce collège fut supprimé l'année suivante, et l'école flottante conservée sur l'*Orion* que le *Borda* a remplacé de 1840 à 1863, époque où le *Valmy* a été substitué à ce dernier vaisseau dont il a pris en même temps le nom. Le nouveau *Borda* est parfaitement approprié à sa destination.

C'est à juste titre qu'on a donné au vaisseau-école le nom de *Borda*, ce mathématicien célèbre, inventeur du cercle de réflexion qui porte son nom et l'un des auteurs du système métrique. C'est à lui qu'on doit la fondation des écoles de construction navale. Destiné d'abord au barreau, un goût prononcé pour les sciences le fit renoncer à cette profession pour le génie militaire, puis il passa dans la marine. Borda (Jean-Charles), né en 1733, est mort en 1799.

PROMENADES ET EXCURSIONS DANS LES ENVIRONS DE BREST. — Avant d'entreprendre nos excursions dans les environs de Brest, examinons d'abord les modes de locomotion que nous aurons à employer.

Ces modes sont de différentes natures suivant que nous dirigerons nos promenades vers Landerneau, dans la presqu'île de Crozon, ou à travers les cantons du Nord-Finistère.

Si Kerhuon, Landerneau, La Roche sont notre objectif, prenons le chemin de fer.

Voulons-nous parcourir la presqu'île de Crozon, visiter les grottes de Morgat ? Des bateaux à vapeur nous transporteront sur les points du débarquement.

Désirons-nous visiter, enfin, l'abbaye de Saint-Matthieu, Le Conquet, Saint-Renan, Le Folgoët, Argenton, le château de Kergroadez, celui de Trémazan, etc. ? nous prendrons des voitures de remise, ou les diligences qui desservent ces localités.

Malheureusement, comme on le voit, Brest est un peu déshérité au point de vue de ses communications par lignes de chemins de fer avec les cantons du Nord-Finistère. Des tracés ont été étudiés, mais en attendant un résultat quelconque, le touriste en est encore réduit aujourd'hui à recourir aux vieilles diligences d'autrefois, oubliées ailleurs depuis si longtemps. Nous voudrions voir des lignes ouvertes de Brest à Lesneven par Gouesnou et Plabennec, avec embranchement de Plabennec sur l'Aberwrach par Lannilis, et prolongement de la ligne de Brest-Lesneven, sur Saint-Pol-de-Léon, par Plouescat.

Nous souhaiterions aussi une ligne de Brest à Ploudalmézeau par Lambézellec, Guilers et Saint-Renan, avec embranchement de Saint-Renan au Conquet. Cela viendra peut-être un jour.

Les services par bateaux à vapeur, dans la rade de Brest, sont organisés de la manière suivante : Les lundi, mercredi, vendredi et dimanche : *Le Fret, Crozon, Morgat.*

Le dimanche, en été seulement : *Plougastel* et *Kerhuon.*

Le lundi et le vendredi : *Quélern, Roscanvel.*

Le dimanche, en été seulement : *Landévennec.*

Pendant l'été, des promenades par bateau à vapeur ont lieu à *Camaret*, au *Conquet*, à *Ouessant*, au *Trez-Hir*, au *Ménez-Hom*, à *Rumengol*, à *Lauberlach*, au *Caro*, à *Sainte-Anne-du-Porzic*, etc.

Les dates, les heures de départ et de retour sont fixées par circulaires spéciales.

Pour les excursions en voiture, voici quelques renseignements qui peuvent être utiles au touriste : Des breack, landaus, paniers, victorias, coupés, calèches, omnibus, se trouvent aux adresses suivantes :

(Aux Cochers Réunis) rue de la Mairie, n° 13 bis,
Station, Champ-de-Bataille, rue de la Rampe.
Rue de Siam, n° 6 (bureau).
Station, place Latour-d'Auvergne.
Rue de Traverse, n° 6 (bureau).
Stations : Champ-de-Bataille.
   Rue de la Banque.
   Place Saint-Martin.

D'autres voitures stationnent encore aux abords du Champ-de-Bataille, dans les rues du Château, de Saint-Yves et d'Aiguillon.

Des diligences, rue d'Algésiras, n° 20, conduisent tous les jours à Argenton, excepté le dimanche et le jeudi.

Tous les jours, en été, des diligences partant du Cheval-Blanc, rue d'Algésiras, vont à St-Renan.

Tous les jours, Grand'Rue, n° 1, des diligences conduisent au Conquet, au Folgoët, à Lesneven.

D'autres diligences publiques conduisent à Daoulas, à Loperhet, à Landéda, à Lannilis, à Plouarzel, à Plougastel, etc., etc.

LE CONQUET. — En suivant le littoral du côté de Recouvrance, nous nous avancerons de plus en plus vers la haute mer, en passant devant le phare du Portzic, l'abbaye de Saint-Matthieu, jusqu'au Conquet.

Le Conquet est une petite ville qui fait partie de l'arrondissement de Brest; son port, très ancien, est formé par un bras de mer étroit, qui s'enfonce profondément dans les terres. A son côté septentrional est la presqu'île de Kermorvan, où se trouvait naguère un sanctuaire druidique complet, dont les restes ont été employés à de modernes constructions.

ANSE DES BLANCS-SABLONS. — Tout à côté, se trouve l'anse des Blancs-Sablons, où est établie une batterie de côte. Le nom de *Blancs-Sablons* donné à cette plage, lui vient du sable mêlé de talc qui la couvre, et lui donne une couleur très-blanche. Le Conquet fut autrefois une ville importante par son commerce. Ravagée à plusieurs époques par les Normands et les pirates, sa position est pittoresque, et son entrée offre un tableau charmant lorsqu'on y arrive à mer haute. Le Conquet est célèbre par la défaite des Anglais et des Hollandais en 1558.

Le 29 juillet de cette année, la flotte combinée d'Angleterre et de Hollande, aux ordres de milord Clinthon, et forte de cent trente vaisseaux, mit tout à feu et à sang au Conquet et dans les environs. Au bruit de cette descente, Guillaume Du Chastel, sieur de Kaërsimon, gouverneur de Brest, rassembla en toute hâte neuf mille hommes de toutes armes et mal disciplinés. A la tête de cette milice sans expérience, il fond sur les pillards ; assomme en particulier plus de cinq cents flamands que commandait Wancken, vice-amiral hollandais, lui fait en outre un grand nombre de prisonniers, et force enfin tous ces étrangers à regagner la haute mer, où une horrible tempête fait périr plusieurs de leurs bâtiments. Non loin du Conquet est l'abbaye de Saint-Matthieu. On détourne à gauche pour rejoindre Lochrist, dont la flèche gracieuse sert, avec le phare établi près de l'abbaye, à guider les navires dans les passages de l'Iroise et du Four. On remarque dans l'église le tombeau de Michel Le Nobletz, dernier missionnaire du christianisme dans la Basse-Bretagne, et qui, au XVIIe siècle acheva de convertir les habitants des côtes encore adonnés au paganisme.

ABBAYE DE SAINT-MATTHIEU. — Du Conquet à St-Matthieu il n'y a guère plus d'une lieue.

Finibus Oceani maris est locus ultimus orbis

dit une vieille chronique de Godefroy de Viterbe :
« Aux confins de l'Océan, il y a un lieu, le dernier du monde ; il n'est jamais troublé par les

maladies ; le climat y est tempéré ; le repos perpétuel ; de saints moines galiléens enseignant aux Bretons les dogmes de la doctrine chrétienne, ont élevé dans cette contrée une église à Saint-Matthieu. »

L'abbaye de St-Matthieu fut vendue comme bien national le 6 thermidor an IV (le dimanche 24 juillet 1796) à M. Budoc-Provost, du Conquet, qui s'empressa de la démolir complètement et d'en vendre sur place les matériaux à divers particuliers. Quant à l'église, non comprise dans la vente, elle est encore la propriété du Domaine, qui l'a entourée d'un mur depuis qu'elle a été classée au nombre des monuments historiques.

Une autre exception à la vente avait été faite, c'était celle de la tour servant de phare. Placée au dessus de l'abbaye, on y parvenait par un escalier intérieur. Le feu de ce phare était entretenu, à l'origine, par les religieux. Le phare actuel a remplacé depuis le mois de juillet 1835, celui de la tour dont les éclipses se succédaient de cent en cent secondes. Il porte un appareil lenticulaire de second ordre. C'est un feu tournant dont les éclipses se succèdent de trente en trente secondes, et élevé de 54 mètres au dessus du niveau des pleines mers d'équinoxe. Sa portée est de dix-huit milles ou six lieues marines.

Avez-vous quelquefois, rêvant près de la côte,
Quand l'ombre s'épaissit, à l'heure où Dieu nous ôte
    L'aspect de son ciel bleu,
Avez-vous regardé le phare, Argus de l'onde,
Qui veille, et lentement, aux quatre coins du monde
    Tourne sa croix de feu ?

L'abbaye de Saint-Matthieu située, comme je l'ai dit, à la partie la plus occidentale de la France, fut fondée au commencement du VII° siècle. Ravagée, réédifiée à plusieurs reprises, il ne reste de sa fondation première que la façade du portail. Le reste de l'édifice appartient au XIII° siècle.

La fondation de l'abbaye de Saint Matthieu est attribuée à Saint-Tanguy, en expiation du meurtre qu'il commit sur sa sœur Eode, dont les Bretons ont fait une sainte.

Sous l'impression d'un violent repentir, il choisit un lieu où tout respirait l'image de la destruction. Cette abbaye située sur une pointe extrême, ayant en face les îles Molène, Béniguet et Ouessant, à droite, les récifs du passage du Four ; à gauche, la pointe allongée du Raz-de-Sen, si redouté autrefois par les navigateurs, isolait des hommes pieux qui, souvent, après avoir connu les orages du monde, venaient contempler et méditer sur ceux qu'un pouvoir surhumain faisait naître sous leurs yeux. Les rochers escarpés sur lesquels cette abbaye est bâtie, sont sans cesse battus par la mer, ce qui donne lieu à un mugissement sourd qui tient les facultés humaines dans la contemplation ou dans l'effroi ; espacés entre eux, ils forment des cavernes qui se prolongent sous les édifices et dans lesquelles se produit un bruit continuel qui augmente d'intensité pendant la tempête. Cambry, qui visita cette abbaye, a cru pouvoir écrire il y a déjà plus de cent ans, que « les terres supportées par ces cavernes menaçaient de s'engloutir dans un temps peu éloigné ; que la tour, l'église disparaîtraient comme d'autres édifices, comme des villes peut-être qui s'avançaient au loin dans cette mer dévastatrice. » Heureusement que cette sinistre prédiction ne paraît pas de sitôt encore devoir se réaliser, pour cette cause du moins. La mer a moins fait pour dévaster cette abbaye, pour en occasionner la ruine presque complète, que l'oubli dans lequel ce monument a été laissé.

Ce monastère qui conservait le chef de Saint-Matthieu, possédait en outre un très grand nombre de reliques, une partie d'un doigt et d'un bras du même apôtre ; une relique de la vraie croix, renfermée dans une croix d'or que l'on disait être l'ouvrage de Saint-Eloi, une parcelle du saint-sépulcre, une partie de la tête de Saint-Etienne, une vertèbre de Saint-Laurent, des reliques de Saint-Pierre, Paul et André, apôtres ; de St-Corentin, évêque ; une côte de Sainte-Claire. Tant de richesses qu'on exposait à la vénération des fidèles ne pouvaient manquer d'attirer de nombreux pèlerins.

Bientôt une bourgade s'établit près du couvent, et se trouva placée sous la juridiction de l'abbaye pour le temporel et sous celle de Plougonvelin pour le spirituel.

Mais, ainsi que l'a su si bien exprimer Emile Souvestre, on éprouve des pensées de regrets à la vue de ce vieux monument. La présence des moines manque maintenant en passant devant ces ruines sévères. On regrette de n'en point voir apparaître derrière quelque colonne de granit, comme des fantômes que nous montrent les vieux tableaux des grands maîtres, avec leurs robes blanches, leurs figures hâves, immobiles, muets, ou s'avançant, un missel sous le bras, semblables à des statues de pierre descendues de leurs niches ; on regrette, quand la nuit descend sur la mer et que le vent d'Ouest souffle dans l'abbaye désolée, de ne point voir le feu tremblant des cierges briller à travers les vitraux coloriés de l'église, et de ne pas entendre les hymnes saintes s'élever tout à coup entre les soupirs de la mer qui battent le promontoire.

SAINTE-ANNE DU PORTZIC. — En se rendant, en voiture, à l'abbaye de Saint-Matthieu, on a passé non loin de la petite chapelle de Sainte-Anne, objet de vénération de tous les marins, et située au dessus de l'anse de ce nom, que l'on rencontre à l'entrée du goulet, après la pointe du Portzic. Le conducteur a infailliblement fait remarquer, en passant à Lanninon, la maison de l'Espion.

La grève de Sainte-Anne, promenade de prédilection des habitants de Recouvrance, est en pente assez douce et couverte d'un sable blanc et fin. C'est sur cette grève que l'on a trouvé, disséminés presque à fleur de sable, des troncs d'arbres, dont quelques uns sont réduits, par la pourriture humide, à l'état d'un terreau noirâtre semblable à de l'argile, ce qui ne laisse aucun doute qu'une forêt a dû exister dans ces parages aux temps les plus reculés. Partout, sur les côtes déchiquetées de la Bretagne, la mer envahit sans cesse le littoral, des forêts ont été couvertes par les eaux, et il n'est pas nécessaire, pour s'en convaincre, de remonter au v° siècle, et de recourir à l'histoire peut-être véritable de la ville d'Is, engloutie dans la baie de Douarnenez.

MAISON DE L'ESPION. — Par suite d'une croyance assez répandue à Brest, la petite maison située sur la côte à un quart de lieue de Recouvrance et désignée sous le nom de *maison de l'Espion*, tirerait ce nom de ce qu'elle aurait été occupée par un officier écossais, nommé Alexandre Gordon, venu à Brest pour visiter l'arsenal en 1769. Arrêté dans la nuit du 31 mai au 1ᵉʳ juin, à son auberge chez Picard, traiteur, place Médisance, il fut conduit au château et décapité comme espion, le 24 novembre 1769.

Le nom de cette maison lui est venu en réalité de ce qu'en 1707 elle était habitée par un marchand chamoiseur ou corroyeur qui en avait fait un poste d'observation des mouvements de la rade et du port, mouvements dont il donnait connaissance à des Français que l'édit de Nantes avait contraints à s'expatrier.

PRESQU'ILE DE CROZON. — De l'autre côté de la rade se trouvent la presqu'île de Crozon et les grottes de Morgat. Entre les baies de Brest et de Douarnenez, des bords de la rivière de l'Aulne jusqu'à la pointe du Toulinguet, la presqu'île de Crozon attire l'attention du voyageur. Il n'est point de pays plus battu des orages que cette presqu'île. La côte est mangée par la mer; elle pénètre dans des grottes profondes; elle jaillit avec fureur sur les rochers, ou se déploie sur de vastes tapis de sable. Les anses du Poulmic, du Fret, de Roscanvel, font partie de la ceinture de la rade de Brest. Cette dernière anse est la mieux protégée, c'est la plus vaste et la plus riante. La baie de Camaret, voisine de la grande mer, est soumise à des vents plus violents. L'anse de Morgat se découpe sur les bords de la magnifique baie de Douarnenez. Enfin, les anses de Dinant et du Toulinguet sont exposées à toute la violence des tempêtes de sud-ouest. Le Fret, Quélern,

Lanvéoc, sont autant de points par lesquels on peut aborder la presqu'île ; les bateaux de la rade y conduisent les voyageurs. Du Fret on se rend à Crozon par une belle route dont les talus sont couverts de toute une flore maritime. Crozon est le centre de population de la presqu'île ; c'est un gros bourg dont les maisons sont généralement sans caractère. On peut en dire autant de l'église et de sa tour du haut de laquelle le touriste jouit d'un spectacle splendide au milieu d'un horizon très étendu. A l'intérieur de l'église une plaque de marbre avec inscription latine apprend qu'une partie des restes mortels de Mgr Graveran, né à Crozon, évêque de Quimper et de Léon, y sont inhumés. C'est cet évêque dont le cœur est déposé derrière le maître-autel de l'église St-Louis, à Brest.

Dans les environs de Crozon, on trouve des ruines de dolmens et de menhirs, dans les landes entre Kergoff-Pors-Salud et Poaron, et, à cent mètres nord de Kestrobel, un monticule formé de galets arrondis, nommé *Run-Bily* ; ce monticule passe dans le pays pour être le tombeau du fils du roi Gradlon, et avoir été formé par les galets que chaque assistant à l'enterrement avait apportés de la grève.

ANSE DE MORGAT. — L'anse de Morgat est à quinze minutes de Crozon. C'est généralement le but des promeneurs qui se font débarquer au Fret, et qui peuvent dès lors contempler la vaste baie de Douarnenez. Morgat possède un hôtel, avec squares et jardins ; table d'hôte ; restaurant à la carte, omnibus et voitures d'excursions ; bateaux pour promenades dans la baie de Douarnenez, parties de pêche, etc.

GROTTES DE MORGAT. — Les grottes de Morgat sont accessibles à peu près en tout temps. Quant à celle à laquelle Morgat doit sa célébrité, à celle que les étrangers ne manquent pas de visiter, on n'y pénètre qu'en bateau. Il y a quelque chose de saisissant dans ce passage du monde à ciel ouvert au monde souterrain. A l'obscurité qui vous enveloppe, succède un demi-jour qu'éclaire d'une manière indécise les parois de la grotte ; c'est une lumière mystérieuse, à laquelle contribuent, pour une grande part, les reflets que la nappe d'eau intérieure reçoit du dehors.

Au milieu, se dresse un rocher qu'on appelle l'*autel* ; à gauche s'ouvre une sombre galerie restée jusqu'ici inexplorée ; à droite se voit un pan de maçonnerie dont il est impossible de dire l'origine. C'est en parlant de cette grande grotte qu'Émile Souvestre a écrit :

« La voûte et les parois ont l'aspect des pierres les plus précieuses et les plus variées ; ce sont des marbres, des porphyres, des jaspes, des granits du poli le plus beau et présentant les couleurs les plus vives. Une sorte de vitrification semble avoir enveloppé la grotte entière. De loin en loin, de larges traînées d'un rouge sombre descendent de la voûte jusqu'aux flots, semblables au suintement d'un sang encore humide ; puis des veines d'un jaune éclatant, d'un vert tendre, ou d'un blanc rosé, courent çà-et-là dans la pierre, imitant les marbres les plus rares. »

ENVIRONS DE CROZON. — Dans la presqu'île de Crozon on peut visiter :

Les menhirs de Landaoulec.
Les carrières de l'île Longue.

Rostellec.
Quélern.
Camaret-Rocmadour.
Le Toulinguet, grottes et roches.
La plage de Kerloc'h.
Les menhirs de Lostmarc'h.
Le château de Dinant.
Les Rochers de Cador.
Tyahuren.
Le dolmen de Rostudel.
Le cap de la Chèvre.
La Palue.
Pothaor.
Pors-Lannec et les menhirs.
Telgruc.
Tal-ar-Groas.
Le dolmen de St-Laurent.
Argol et le Ménez-Hom.

ANSE DE DINANT. — Après avoir traversé la route de Crozon à Camaret, l'anse de Dinant apparaît avec son vaste horizon et sa ceinture de rochers.

Cette anse, ouverte directement au sud-ouest, se trouve exposée à toute la furie des tempêtes de l'Océan. Ici c'est la solitude, c'est la nature à l'aspect sauvage.

A gauche, la ceinture de rochers se prolonge fort loin au large et semble percée à jour près de son extrémité. Ce n'est point une illusion : cette trouée d'azur est l'arche gigantesque du *château de Dinant*.

CHATEAU DE DINANT. — Le château représente une tour ruinée, assise sur une large base, flanquée de contreforts et de pilastres, hérissée à son sommet d'aiguilles et de pyramidions. Cette tour se détache parfaitement de la masse du promontoire, dont le sommet se couronne de rochers figurant des fortifications en ruines.

L'arche principale a 13 à 14 mètres de hauteur sur une largeur de 10 mètres ; il est facile de se figurer avec quelle impétuosité, quel grondement de tonnerre, et quelle pluie d'écume la mer s'y engouffre les jours de tempête « la mer, a dit un écrivain breton, la mer a creusé sous ces voûtes des grottes profondes qui présentent les mêmes beautés et les mêmes variétés de couleurs que les grottes de Morgat. Il est seulement difficile de descendre la côte pour les visiter, car les rochers ont été polis par l'action continuelle des flots, et semblent couverts d'un verglas éternel. »

CAMARET. — A Camaret, petit port de ce nom, les maisons sont disposées en amphithéâtre au pied des hauteurs qu'il faut gravir pour se rendre au *Toulinguet*. Ce qui attire surtout l'attention, c'est une tour carrée à étages percés de longues meurtrières et à toit pyramidal. Cette tour doit au ciment qui la revêt une teinte rose aussi singulière que charmante. C'est un fortin qui s'élève à l'extrémité de la jetée du port et près duquel on voit une chapelle du XVIe siècle, dédiée à Notre-Dame de Rocmadour.

Camaret fut le théâtre du débarquement et de la défaite des Anglais et des Hollandais, le 18 juin 1694.

L'amiral Barklay fut tué dans cette affaire. Tous ceux qui descendirent à terre furent impitoyablement massacrés par les Bretons au cri de *Torr he benn !* Frappe sur la tête ! Casse-lui la tête !

Le roi fit frapper à cette occasion une médaille où l'on voit Pallas tenir son égide, et à côté d'elle un tropée naval.

La légende est : *Custos oræ armoricæ;* l'exergue : *Batavis et Anglis ad littus armoricum cæsis anno* 1694.

« Côte de Bretagne défendue par la prudence et par la valeur. Les Hollandais et les Anglais battus sur les côtes de Bretagne, l'an 1694. »

Si les Anglais ont peu foulé le sol de Camaret et y ont laissé leurs os comme traces de leur passage, les Romains y ont laissé d'autres souvenirs.

A trois kilomètres de Camaret, la route qui mène de ce port au bourg de Crozon passe, en un lieu dit *Kerlorc'h* sur une étroite chaussée limitée, à droite par la mer, à gauche par un étang d'une assez vaste étendue.

Au-dessous de cet étang, dans l'est, sont trois ou quatre champs de terre labourable, et, couronnant le tout, un hameau d'une dizaine de maisons nommée Kervian. Dans le deuxième champ, en remontant de Kervian à ce village, un cultivateur du nom de Jean Alix, qui labourait la terre, au mois de janvier 1863, rencontra au milieu de son travail, une pierre d'assez forte dimension qu'il voulut enlever et qu'il se mit en devoir de déblayer avec les mains. Contrarié de l'obstacle qu'elle lui opposait, il reprit sa pelle, un moment laissée de côté, et frappant avec violence deux pierres rapprochées l'une de l'autre, il heurta et brisa du même coup un vase en cuivre qui laissa échapper un nombre considérable de pièces de petit module.

Jean Alix portait la trouvaille à 960 pièces ; elles représentaient environ trois kilogrammes. Sur les 400 pièces environ apportées à Brest, M. Denis-Lagarde, ancien inspecteur de la marine, numismate distingué, en a étudié plus de 300, et a laissé un catalogue descriptif complet des monnaies romaines trouvées à Kervian. La série commence avec le règne de Vitellius, en l'an 69 de Jésus-Christ, et s'arrête à Caracalla qui mourut en 217. Elle comprend, sauf les grandes raretés numismatiques, la suite des empereurs et des impératrices qui ont régné dans cet intervalle d'un siècle et demi, période la plus brillante de la domination romaine.

ROSCANVEL. — La baie de *Roscanvel* comprise entre l'île *Longue* et la presqu'île de *Quélern* est plus profonde, mais non moins largement ouverte que l'anse du *Fret*. La flèche de la petite église de Roscanvel perce des massifs verdoyants, plus pressés, plus nombreux que partout ailleurs. Au nord de Roscanvel existent des exploitations d'argile où s'alimente une briqueterie établie à Quélern. Cette presqu'île de Quélern qui peut ne pas tenter la curiosité du promeneur est surtout intéressante en ce sens qu'elle assure la protection à la rade de Brest dont elle peut être considérée comme le boulevard.

La presqu'île de Quélern, en effet, sépare la baie de Camaret de la rade de Brest. Pendant les guerres de la Ligue, les Espagnols occupèrent longtemps ce promontoire où ils se fortifièrent.

Vauban fit construire un ouvrage à la gorge de la presqu'île dans le but d'empêcher l'ennemi de pénétrer dans la partie qui forme le promontoire du goulet, appelée *Pointe Espagnole*, où se trouvent les batteries qui défendent de ce côté l'entrée de la rade. De Brest, Vauban écrivait au roi :

« On travaille à la batterie basse des Espagnols, pièce de très grande *conséquence* qui battra presque également sur le goulet et sur la rade. Le roc y est comme diamant et ce n'est que par la poudre qu'on en vient à bout. »

Les seuls monuments de la presqu'île de Crozon, sont les monuments de l'âge mégalithique. On y visite le sanctuaire druidique de Landaoudec, situé à trois kilomètres dans le sud-ouest. Le monument se compose d'un groupe d'avertissement, d'une avenue et de deux enceintes, l'une triangulaire, l'autre carrée. Deux rangs parallèles de pierres, plantées ou posées, dessinent l'avenue, longue de 150 mètres. Dans l'angle N.-O de l'enceinte triangulaire s'élèvent deux menhirs. Les plus élevées de ces pierres n'ont pas plus de trois mètres ; elles sont en grès quartzeux et viennent par conséquent d'assez loin. D'aspect sauvage, et dominant une partie de la contrée, le site de Landaoudec est de ceux que choisissaient les Celtes pour y asseoir leurs monuments religieux.

TAL-AR-GROAS. — Tal-ar-groas qui signifie *pied de la croix*, est un point central où aboutissent les routes de la presqu'île ; il doit à cette circonstance la foire d'animaux qui s'y tient deux fois par an, en juin et en août. Trois maisons, trois auberges, tel est le village. En s'y rendant, on ne tarde pas à découvrir l'horizon bleu de la mer et des côtes lointaines que le touriste ne se lasse pas d'admirer. Du côté de la mer, la plage est limitée par une longue suite de chaîne de rochers couverts de varechs. A gauche, s'allonge, également noire de varechs, la pointe et la presqu'île de Rozan, et l'île de Laber. Le promontoire de la *Chèvre* et la ligne vaporeuse de la côte du *Raz* ferment la perspective. Cette baie offre un charmant coup d'œil quand elle est animée par les flottilles de pêche de Douarnenez. Du haut de la colline que couronne la chapelle de Saint-Laurent, que termine un petit clocher, le regard plonge dans la vallée et embrasse le panorama des montagnes. A l'orient, *Telgruc* se détache sur un premier plan de hauteurs, au second plan, *Argol*, puis au fond surgit le *Ménez-Hom*, le géant de la contrée.

MÉNEZ-HOM. — La haute cime du Ménez-Hom qui domine de sa crête chargée de nuages la baie entière de Douarnenez, s'en va en s'abaissant toujours jusqu'à la presqu'île de Crozon ; là elle tombe et s'affaisse sur elle-même tout en face du premier embranchement, au sud de la rade de Brest. L'ascension du Ménez-hom est une tâche un peu rude pour bien des personnes, il est vrai qu'une fois qu'on y est monté, le panorama éblouit. Ce qui frappe, ce qui attire tout d'abord l'attention, c'est la baie de Douarnenez, cette nappe d'eau de vingt-cinq lieues carrées.

Un sombre promontoire ferme la baie à l'ouest ; c'est la presqu'île de la *Chèvre*. Au delà se distinguent les rochers qui prolongent la pointe de *Penhir*, les *Tas-de-Pois*, et les hauteurs du Toulinguet.

Au sud, c'est la côte de Douarnenez et la pointe du Raz. Une tache confuse indique une île noire, sinistre, séjour redoutable des druidesses : c'est l'île de Sein,

<blockquote>A demi submergée, à moitié sous les flots,</blockquote>

suivant l'expression poétique du chantre de *Velléda*, Madame Auguste Penquer ;

Puis, parlant toujours de cette île sauvage :

<blockquote>On croit qu'elle naquit du sein d'un cataclysme,
Bloc lancé dans la vague et détaché d'un isthme,</blockquote>

a ajouté notre Muse Brestoise, d'accord en cela avec Cambry qui a pensé que l'île de Sein devait avoir été jadis le prolongement de la pointe du Raz. Au de là, c'est l'immensité de l'Océan.

Se tournant tout à fait vers le nord, l'œil distingue les terrains qui, des profondeurs de la vallée, ont la belle teinte bleue des lointains, à leur base miroitent comme des lacs les entrées de l'Aulne et de la rivière du Faou.

A l'est, c'est la chaine montagneuse d'Arhès.

CARRIÈRES DE KERSANTON. — Chaque fois que dans le cours de ce volume j'ai eu à donner la description d'édifices, d'abbayes, de calvaires, de jubés, le mot Kersanton est tombé de ma plume. Le Kersanton est une sorte de roche d'un gris noir parsemé de points brillants, dont les carrières sont circonscrites à la rade de Brest. Elles se voient à l'ouest, au pied des falaises escarpées de Quélern ; à l'est dans les anses nombreuses qui déchirent la rade depuis la rivière du Faou jusqu'à celle de Landerneau, mais les gisements les plus abondants se trouvent entre le Moulin-à-Mer et le bourg de l'Hôpital-Camfrout, situé sur la rivière de ce nom.

ILE DE TY-BIDY. — En quittant la rivière de l'Hôpital pour entrer dans celle du Faou, on passe devant la petite île de *Ty-Bidy*, sur la rive gauche de cette dernière rivière, en face de Landévennec. C'est dans ce lieu que Saint-Guennolé aborda vers 490, avec onze autres cénobites et qu'il préluda à la fondation de l'abbaye de Landévennec. On y voit une pierre sculptée, ou plutôt un bas-relief, que l'on croit y avoir été transporté de Landévennec, et où l'on voit figurer comme sur toute la surface abbatiale de ce monastère, deux saints présentant à Gradlon le plan de l'église et du couvent. Cette pierre est dans le pays le sujet d'une légende. On dit qu'un jour on voulut l'emporter et qu'on y attacha quarante-huit bœufs qui ne purent la transporter qu'à quelques pas de là. On en conclut naturellement qu'il y avait un obstacle occulte à son enlèvement, et l'on se décida à la reconduire à sa place, ce à quoi deux bœufs suffirent.

STATION DU RODY. — En quittant Brest, et en prenant le chemin de fer, on passe au Moulin-Blanc, la première station du Rody, où se trouve la grande poudrerie nationale dans laquelle on fabrique le coton-poudre et pyroxiles sous diverses formes pour les services de la guerre, de la marine, des travaux publics et des finances. Après avoir passé devant cette usine, on parvient en quelques minutes à la gare de Kerhuon.

KERHUON. — La marine tient en réserve dans l'anse de ce nom, une valeur de plusieurs millions de bois de constructions dont la bonne conservation est due au mélange, dans des conditions convenables, des eaux douces et des eaux salées. De Kerhuon, on voit se développer la côte de Plougastel où l'on parvient, soit en débarquant presque en face au village de St-Jean, soit en traversant le passage dans un bac qui conduit à une cale sur la rive opposée.

PLOUGASTEL. — Le bourg de Plougastel est situé sur le point culminant de la commune et se compose d'une centaine de maisons distribuées sans ordre aux abords de l'église et du cimetière. L'église, ancienne et formée de trois nefs, présenterait fort peu d'intérêt sans la décoration de son portail latéral en style de la Renaissance, et surtout sans son clocher formé d'une flèche flamboyante à crochets. De ses galeries, on voit à gauche, la rade, le goulet, Bertheaume, Crozon, Quélern, le cap de la Chèvre, Brest, Saint-Marc, Sainte-Barbe ; à droite les vertes prairies que baigne la rivière de Landerneau, les montagnes d'Arhès, à l'horizon enfin, le château de la Roche-Maurice.

Si l'église de Plougastel n'offre qu'un intérêt secondaire, il n'en est pas de même du Calvaire établi dans le cimetière. Composé d'une quantité considérable de statues de pierres de Kersanton, c'est un des monuments les plus curieux du département du Finistère, sinon au point de vue de l'art, du moins par l'originalité de son exécution. Sur un massif quadrangulaire, de forme romane, orné à chacun de ses angles d'un retour formant portique, règnent deux galeries superposées de statues en ronde-bosse représentant la vie de N. S. J. C. depuis sa naissance jusqu'à sa résurrection. La plus grande partie de ces statues accuse, il est vrai, une ignorance complète de la statuaire ; quelques-unes pourtant ne sont pas dépourvues d'expression, et sont assez régulièrement exécutées. Ce mélange de bien et de mal dans le même travail semble attester l'intervention d'artistes différents qui tous, néanmoins, devaient être bretons ou familiarisés avec les mœurs armoricaines. Entre autres détails qui l'attestent, on peut citer le groupe figurant l'entrée de Jésus à Jérusalem au milieu de juifs habillés en *bragou-bras* et jouant du *biniou*. Ce groupe, et ceux de la *Circoncision*, de la *Fuite en Égypte*, de la *Cène* et du *Lavement des pieds*, de la *Tentation* et de l'*Enfer*, forment à la fois des scènes terribles et grotesques, tracées avec une verve digne de Callot. Le massif du monument a été terminé en 1602, les trois croix qui surmontent la plate-forme ont été posées en 1603 et les statues en 1604. La tradition rapporte que ce calvaire a été érigé en actions de grâces de la cessation d'un fléau qui désola la Bretagne en 1598. C'est aussi l'opinion de M. de Fréminville qui assure, mais sans autre preuve que la tradition, que ce monument est l'accomplissement d'un vœu fait pendant une épidémie, la peste, qui ravagea cruellement la basse-Bretagne, il y a tout à l'heure trois siècles. Les noms suivants se touvent dans les deux inscriptions sculptées en lettres majuscules sur le soubassement :

« Ce masse fut achevé l'an 1602. »

M. A. Corre (c'est vraisemblablement le nom de l'architecte ou du sculpteur) F. Baod, curé, 1604. J. Kerguern, L. Thomas, O. Vigou. fab. Roux, curé.

Pour se rendre au bourg de Plougastel on passe auprès de ces immenses blocs feldspathiques inscrits sur les cartes itinéraires sous le nom de *rochers de Plougastel*. Ces rochers sont d'un effet très-pittoresque, ils sont l'objet d'une tratition populaire : « Gargantua revenant de Paris, poussa jusque dans le Léonais où il reçut l'hospitalité la plus digne. Partout on couvrit sa table des mets les plus recherchés et les plus abondants. Pour lui, on vidait les celliers, on décrochait les jambons, les andouilles ; en son honneur, on défonçait les tonneaux.

Chez les Cornouaillais, au contraire, on ne lui avait offert que des crêpes et de la bouillie, mets trop peu réconfortants pour un estomac tel que le sien. Alors, sur la surface du Léonais existaient de gigantesques montagnes qui gênaient les habitants. Indigné du peu de courtoisie des Kernewotes, le fils de Grangousier et de Gargamelle, un jour qu'il jouait aux petits palets, leur jeta les pierres qui couvraient le sol du pays de Léon et les éparpilla depuis Plougastel jusqu'au Huelgoat. La fertilité du littoral du Finistère depuis le Conquet jusqu'à Saint-Jean-du-Doigt, devint ainsi pour le Léonais la récompense de l'accueil fait à l'illustre voyageur. »

La Bretagne, on le sait est le pays des légendes ; voici ce que l'on raconte encore sur ces hauts rochers qui bordent la côte de Plougastel. « Jadis ce pays était à ce point renommé pour sa bienfaisance qu'un jour Satan, fatigué d'entendre louer la charité des habitants de la Bretagne, se décida à venir s'en assurer par lui-même, car il se refusait à croire qu'il existât autant de bonté parmi les hommes. Arrivé sur la côte Cornouaillaise, il se vêtit d'effets misérables et, un sac vide sur l'épaule, un bâton noueux à la main, il alla frapper à la porte d'un vieux pêcheur. La porte s'ouvrit immédiatement, mais à peine ouverte, le pêcheur reconnut Satan, malgré sa voix dolente et ses supplications plaintives. — Entrez dans la maison, cher pauvre, lui dit le pêcheur d'un air engageant. Mais à peine le diable eut-il mis les pieds au delà du seuil, que le vieux pêcheur, repoussant brusquement la porte, renversa le mendiant sur les cailloux de la grève. Il se recula en geignant et, un peu plus loin, alla frapper à une autre porte. Les gens de la maison, avant de se rendre à leur travail, récitaient le chapelet. Entre deux prières, ils entendirent une voix stridente qui disait d'un ton lamentable : — Ouvrez-moi, bonnes gens, j'ai froid et j'ai faim !

— Biganna, va ouvrir au pauvre, dit le fermier.

— Je n'ose pas !... j'ai trop peur ! jamais je n'ai entendu une voix aussi effrayante.

— N'importe, il ne faut jamais laisser à la porte un pauvre qui demande la charité.

Malgré sa frayeur, Biganna alla ouvrir la porte. Aussitôt qu'on aperçut les pieds fourchus du prétendu pauvre, son nez d'oiseau de proie, ses dents aiguës et, par dessus tout, ses yeux rouge-feu, on reconnut immédiatement Satan.

Chacun s'empressa de faire le signe de la croix, et se mit à se moquer du diable. En un clin-d'œil on le mit à la porte en l'arrosant d'eau bénite qui se trouvait dans le bénitier où se conserve le buis des Rameaux.

— Je me suis fait prendre encore une fois, dit le diable plein de rage, mais se hâtant de fuir en hurlant de douleur. Malgré cette déconvenue, voyant une maisonnette au bord de la mer, il s'y rendit encore. Il n'y avait qu'un enfant dans la maison.

— Mon enfant, dit le faux pauvre, j'ai grand soif; n'aurais-tu pas quelque chose à me donner à boire?

— Si vraiment, répondit l'enfant, voici du lait *ribot*.

Ce lait était si aigre et si mauvais que même les pourceaux n'auraient pu le boire.

Aussi, à peine le diable l'eut-il goûté, qu'il fit une grimace épouvantable, jeta le lait, et sortant de la maison inhospitalière, il se précipita dans la mer pour gagner la rive Léonaise.

Arrivé sur l'autre bord, Satan se secoua pour se sécher et alla frapper à la porte de la première maison qu'il rencontra. C'était celle d'une pauvre veuve. — J'ai grand faim! gémit le pauvre sur le seuil de la porte.

D'un seul regard, la veuve reconnut l'ennemi du genre humain. Cependant, elle sentit son cœur s'attendrir et elle se dit : lorsque les méchants sont réduits à se plaindre, ils doivent passer avant tous les autres.

— Entrez à la maison, lui dit-elle. Voici de quoi apaiser votre faim et du feu pour réchauffer vos membres.

En disant ces paroles, la veuve plaça devant le pauvre un grand chaudron plein d'une bouillie appétissante. Manœuvrant avec une merveilleuse dextérité sa cuiller de bois, le diable fit en un instant disparaître la bouillie : — Votre charité m'a causé un grand bien, ma brave femme. Ne pourrais-je à mon tour, rien pour vous ? Je suis fort et adroit, et n'importe quel travail vous me diriez d'accomplir, je le ferai immédiatement.

En ce temps-là les grands rochers qui sont à Plougastel étaient de l'autre côté du rivage.

— J'ai ce qu'il faut pour élever ma famille, répondit la veuve, mes terres sont bonnes. La peine de mes voisins est la seule que je ressente. Voyez comme ces énormes pierres sont gênantes pour eux ! Si elles n'étaient pas là, je n'aurais aucun souhait à former.

— Quoi ! ces pierres ! il ne faut que cela pour vous faire plaisir ?

Mettant rapidement habit bas, le diable prit les rochers les uns après les autres comme s'ils eussent été de simples palets, et les jeta de l'autre côté de la mer où depuis ils sont restés.

Derrière ces rochers monumentaux, aux crêtes découpées en aiguilles, vit retranchée la curieuse population de Plougastel.

La physionomie de ces paysans, moitié cultivateurs et moitié marins, coiffés d'un bonnet phrygien ou d'un capuchon, n'est pas moins bizarre que le sol qu'ils habitent et que le costume traditionnel qu'ils ont gardé intact. C'est, pour les hommes, un pourpoint à basques (pourpan) en berlinge blanc, grosse étoffe en fil et en laine, une veste à manches (rocheden) également en berlinge blanc ou de couleur violette, et deux gilets de dessous, verts, rouges, blancs, bleus ou violets. Un large pantalon, fermé le plus souvent au moyen d'une cheville de bois à laquelle on substitue le dimanche un double bouton. Une cravate de couleur à nœud coulant, un mouchoir à carreaux autour des reins, un bonnet rouge, et les jours de pluie un caban en toile piquée et matelassée complètent l'habillement actuel du Plougastel.

La toilette des femmes consiste dans trois camisoles à manches, de couleur rouge, verte, bleue, violette ou noire qu'elles mettent les unes sur les autres. Le *sae-noz* (habit de nuit) est, comme son nom l'indique, le vêtement de dessous ; puis viennent le *korf divalen* ou corset, et une camisole de drap nommée *hivizenn*. La coiffure des paysannes de Plougastel (koef) ressemble un peu à celle des statues égyptiennes, mais loin d'avoir la roideur de ces statues, les jeunes filles de Plougastel ont une désinvolture pleine de laisser-aller qui leur est toute particulière.

Ne quittez pas le passage de Plougastel sans aller voir dans la cour du vieux manoir du Cosquer, un puits présentant un phénomène qui a donné lieu à bien des commentaires. L'eau y monte quand le flot se retire, et elle baisse lorsque la mer monte, sans qu'aucun mélange de l'eau du puits avec celle de la mer ait lieu, la première restant parfaitement potable. Cette fontaine porte le nom de *fontaine de Saint-Languy* ; elle est l'objet d'une vénération particulière.

SAINT-ADRIEN. — Des villages avoisinants, celui de Saint Adrien, situé à un quart de lieue environ de l'anse de Lauberlach, n'est certainement pas le moins pittoresque. On y rencontre une petite chapelle, encadrée dans un bouquet d'arbres. Cette chapelle ne date que du milieu du XVIe siècle. Des statues dont cette chapelle est décorée, celle du Saint-Patron n'est pas la moins grossière.

Elle le représente tenant ses entrailles entre ses mains. Cette exhibition, par trop réaliste, signifie qu'on doit l'invoquer pour les maux de ventre.

DAOULAS. — En sortant de l'anse de Lauberlach, après avoir franchi la pointe de Doubidy, on entre dans le petit bras de mer qui, remontant un peu au dessus de Daoulas, joint ce chef-lieu de canton à la rade de Brest après avoir reçu les deux cours d'eau du Cosquer et de Poulmein. A mer basse on voit sur les deux rives, scintiller aux rayons du soleil couchant, des parcelles de ce sable jaune et micacé auquel les habitants du pays donnent le nom de sable d'or.

Daoulas, qui signifie double meurtre, doit son nom à l'assassinat par un seigneur du Faou, au VIe siècle, des abbés Tadec et Judulus.

Le monastère érigé par le meurtrier, en expiation de son double crime, fut remplacé de 1167 à 1173 par une abbaye de chanoines réguliers de Saint-Augustin que fondèrent Guyomarch VI, comte de Léon, et Nobilis sa femme.

Comme l'église, le cloître de l'ancien couvent est du XIIe siècle. C'est le plus riche monument d'architecture romane que possède le Finistère. Il a la forme d'un carré dont les côtés présentent des arcades en plein cintre et à archivolte, supportées par de petites colonnes reposant elles-mêmes sur un stylobate ou piédestal continu formant soubassement, et couronnées de chapiteaux tous variés d'une composition et d'une élégance exquises. Leurs corbeilles sont formées de feuilles larges et aigües, gracieusement recourbées, de branches légères qui viennent porter sous les angles du tailloir, et au milieu du chapiteau des feuilles groupées par trois, de volutes et de palmettes disposées avec un goût parfait. Au centre du cloître on a placé tout récemment une curieuse vasque de fontaine. A l'extrémité du jardin de l'abbaye se voit une petite fontaine placée sous l'invocation de N.-D. des Trois-Fontaines ; l'eau de cette source passe pour assurer la fécondité des femmes auxquelles il suffit, pour l'obtenir, d'y apporter et d'y fixer une croix. Elle prédit aussi aux jeunes gens s'ils se marieront dans l'année ; ils mettent une épingle dans le creux de leur main qu'ils plongent dans la fontaine principale.

Si l'épingle flotte et tombe dans l'eau des bassins inférieurs, le mariage aura lieu ; dans le cas contraire, il faut attendre.

Une petite source qui sort de dessous la fontaine même, opère la guérison des yeux, et la Vierge celle des enfants atteints de la toque.

Daoulas avait son château qui appartenait aux Comtes de Léon. Il a disparu. On croit qu'il était placé entre la nouvelle grand'route, le Moulin-du-Pont, et la chapelle Saint-Nicolas. Aujourd'hui Daoulas est presqu'une solitude. Placé sur un coteau dominé par des hauteurs couvertes d'une riche végétation, et dominant lui-même une petite rivière qui se jette dans la rade de Brest, Daoulas présente à celui qui remonte cette rivière un paysage calme et harmonieux.

« Rien de plus varié, de plus fertile, de plus riant, dit avec raison M. Pol de Courcy, que la rive qui, longeant le côté gauche de la rivière, conduit au bourg de Logonna, situé à l'extrémité d'une presqu'île resserrée entre la rivière de Daoulas, la rade de Brest et la rivière de l'Hôpital. On chemine constamment au milieu de bosquets et de vergers, plantés de toutes sortes d'arbres fruitiers de la végétation la plus vigoureuse, au travers desquels on aperçoit, de temps à autre, les nombreuses baies qui découpent ce coin de terre et le font ressembler à un jardin ».

Les paysages de la Bretagne, dit Jules Janin dans son bel ouvrage « *La Bretagne* », — « les paysages sont pleins d'éclat, de variété, de charme, de puissance ; on s'y perd, on les aime, on les chante ».

LOGONNA. — Puisque je viens de citer le nom de Logonna, je dois dire que ce petit bourg possède une église en style du XVIe siècle avec de gracieuses ogives et d'élégantes sculptures. Son clocher qui s'élance au dessus d'arbres touffus s'harmonise parfaitement avec le paysage environnant.

RUMENGOL — A une lieue de la station de Hanvec, et à une demi-lieue du Faou, se tient un des plus célèbres pèlerinages du Finistère. C'est Rumengol. Rumengol (ville du hêtre), dont l'église, construction du XVIe siècle, est dédiée à N.-D. de Tout-Remède (par altération de Remed-oll-tout remède). Plusieurs écrivains ont donné une autre étymologie au mot Rumengol. Les uns y ont vu trois mots celtiques : Ru, men, gol ou goulou, *rouge pierre de la lumière*, parce que, disent ces écrivains, il y avait là un édifice, un monument druidique, consacré au soleil, le dieu du jour ou de la lumière. Cette opinion est en tout point conforme aux récits et aux traditions populaires ; de plus, il y a, à Rumengol même, des terres appelées encore Douarou an heol, les terres du soleil ; elles appartenaient autrefois à l'église.

C'est surtout le jour du *Pardon*, jour de la fête patronale, et à cause des nombreux pèlerins qu'il y attire, que cette localité est intéressante à visiter. Bâtie à mi-côte et environnée d'arbres séculaires, l'église de Rumengol ne manque pas d'élégance dans son ensemble, ni dans la plupart de ses détails. Son clocher élancé a de la grâce. Au premier coup d'œil, on est frappé des vastes proportions du transept. La flèche du clocher est élancée, travaillée à jour et soutenue par des piliers relativement grêles qui émergent de cette galerie ; l'ensemble est gracieux et hardi. La façade très large, est flanquée de deux contreforts qui se continuent, d'un côté avec une tourelle, de l'autre avec un clocheton.

A l'intérieur, les autels latéraux, couverts de sculptures et resplendissants d'or, attirent naturellement le regard. Les statues des Evangélistes qui décorent l'autel de gauche ont fort bonne tournure. Près de l'autel de droite se trouvent des bas-reliefs qui figurent les vertus théologales et qu'envierait plus d'une grande église. Cet autel est éclairé par un vitrail peint par M. Hirsch, à l'occasion du couronnement de N.-D. de Rumengol. La partie supérieure du vitrail représente Mgr Sergent, évêque de Quimper, prosterné aux pieds du Saint-Père. Ces deux figures sont des portraits. A l'ouest de l'église est un monticule d'où l'œil embrasse un bel horizon de montagnes, et distingue la rivière et le clocher du Faou. De ce point, l'église apparaît demi-voilée par les ifs du cimetière. Au centre du plateau s'élève un haut piédestal, une statue colossale de la Vierge. Enveloppée d'un voile aux mille plis et dans l'attitude de la prière, cette statue est très gracieuse de pose et d'expression. Cette Vierge Immaculée est due au ciseau de M. Frac-Robert.

LANDÉVENNEC. — Landévennec est situé à l'extrémité Est de la presqu'île de Crozon.

Là était, avant la révolution, l'antique Chartreuse bretonne, fondée à la fin du Ve siècle, au moyen des libéralités du roi Gradlon, sur le bord de la rivière de Aone et Castellin (Aune et Châteaulin), par Saint-Gwennolé qui en avait fait un véritable séminaire ecclésiastique. Le monastère et son église sont complètement en ruines. Il ne reste des anciens bâtiments que le logis abbatial dont on a fait un manoir.

Dans la cour qui précède le jardin du manoir, se voit une statue exécutée avec beaucoup d'art, que l'on croit être celle de Jean du Vieux-Châtel, le dernier des abbés réguliers de Landévennec, mort en 1522 ; ses armes qui présentent un écusson portant trois faces accompagnées de dix mouchetures d'hermines avec un lombel, sont sculptées sur un fragment de meneau de l'église du monastère, déposé dans la même cour. Autrefois, dans l'église, se voyait un sarcophage, renfermant les restes du roi Gradlon, mort en 405. Ce sarcophage était placé dans une crypte souterraine pratiquée dans le collatéral sud de l'église. Au dessus de la porte d'entrée se lisait l'épitaphe suivante :

Hoc in sarcophago jacet inclyta magna propago
Grallonus magnus, Britonum rex, mitis ut agnus,
Noster fundator, vita cœlestis amator
Illi propitiâ sit semper Virgo Maria.
  Obiit anno Domini CCCV.

A cette élogieuse épitaphe, si pleine de candeur et de respectueuse considération pour le monarque breton, doux comme un agneau, *mitis ut agnus*, un mauvais plaisant qui voulait sans doute décocher une épigramme contre les bretons en général, proposa de substituer la suivante :

  Ci-gît le roi Gradlon
  Reposant tout de son long,
  Étendu comme un cochon ;
  Excusez la comparaison :
  Ce monarque était bas-breton.

Quel est l'âne bâté qui a essayé de donner ici son dernier coup de pied ? Ce poétereau de mauvais aloi ignorait donc que les Bretons, — les vrais Bretons, — ne se sont jamais offusqués de l'épithète qu'il leur lance ? — Comme exemples et comme emblêmes, les Gaulois ne mettaient-ils pas sur leurs médailles des bêtes à soies grises ? et les Bretons, tellement vaillants à la guerre, tellement braves et vrais *pourceaulx* ne s'en tenaient-ils pas à ces compagnons de Saint-Antoine ? Un vieil auteur, Guillaume de Saint-André, dans des vers écrits en 1380, le fait fort judicieusement observer :

> Car Bretons, très-bien le sçay
> S'entredoivent tout d'un accort
> Amer et craindre jucqu'à la mort.
> Pour ce sont-ils en général
> Nommés *pourceaulx*, non pas à mal,
> Car *pourceaulx* telle nature ont.
> Quand l'un fort crye, les autres vont
> Tous ensemble pour l'aydéer :
> Il ne faut point les en prier.

Les Bretons sont en effet comme les sangliers ou *pourceaulx* ; ils ont du bon, et ils auraient tort d'en rougir : vivant de peu, couchant sur la dure, flairant l'embuche ; chargeant avec rage, quand ils sont blessés, l'assaillant qui les persécute ; mourant face à l'ennemi ; farouches, sauvages, droits dans leurs allures et dans leurs courses, terribles dans la colère et dans la lutte, ce sont de rudes et solides compagnons !

Le biographe du roi Judicaël, en racontant la campagne de son héros contre les Francs, ne dit-il pas encore expressément que dans la mélée « *sicut verres robustus inter porcos ita rex Judicaelus ?* »

Landévennec et ses abords offre au visiteur un coup d'œil ravissant. Des hauteurs de Penforn, on découvre à ses pieds, rangés en demi-cercle, les vaisseaux que l'encombrement du port de Brest oblige la marine à y tenir en réserve.

Un autre spectacle s'offre à celui qui se transporte sur le versant abrupt opposé au monastère, sur la rivière de Châteaulin.

Là, à mi-côte, est une très-haute pierre plantée verticalement, et qui, vue de profil présente la silhouette d'un moine à longue barbe, dont la tête est encapuchonnée. Tous les marins qui fréquentent la rivière l'appellent le *moine*. D'après la tradition, un moine très dissolu, fut relégué en expiation de ses désordres dans une grotte voisine, et pétrifié jusqu'au jugement dernier. Cette pierre est le moine lui-même.

LANDERNEAU. — Cette ville est, dit-on, la plus ancienne ou du moins une des plus anciennes de la Basse-Bretagne.

Landerneau est, en breton, Landerné, corruption sans doute de Land Hervé, pays d'Hervé, nom des plus illustres princes du Léonais. La résidence des princes de Léon était le château de la Roche-Maurice ou Roche-Morvan, à un kilomètre à l'est de Landerneau.

L'endroit où est Landerneau actuel était une station romaine, comme l'attestent les découvertes qu'on y fait de tuiles romaines. C'était aussi à la Roche que résidaient les Hervé de Léon et les Guiomarc'h dont les noms se trouvent dans tous les événements mémorables. La rivière de l'Elorn qui prend sa source dans les montagnes d'Arhès, près de Carhaix, traverse la ville de Landerneau et s'unit au bras de mer qui forme son joli port.

Cette rivière est fort paisible ; malheur cependant à la ville de Landerneau, dit un très vieux proverbe breton, si jamais l'étang de Brézal venant à rompre sa chaussée, précipitait ses eaux dans celles de ce fleuve :

Ma vanq ar chauçzer a Brezal
Landerneiz paquit a stal.

Mais depuis si longtemps que ce proverbe existe sans que cet événement se soit produit, les habitants de Landerneau doivent commencer à se rassurer.

Les maisons sont assez mal bâties, les rues mal pavées, mais ses quais offrent une promenade des plus agréables. Landerneau jouit d'une espèce de célébrité due à sa lune.

Cette lune aurait surmonté, suivant les uns, le clocher paroissial à Saint-Houardon ; suivant les autres, une maison appartenant aux princes de Léon. Dans tous les cas, mal avisé serait celui qui demanderait à un habitant de Landerneau à voir sa lune ; on lui répondrait en lui montrant toute autre chose et en lui chantant le vieux refrain bien connu :

<blockquote>
As-tu vu la lune, mon gars,
As-tu vu la lune ?
</blockquote>

C'est, paraît-il, d'ailleurs, la mésaventure qui vient d'arriver tout récemment à un voyageur indiscret, mésaventure qui nous a été spirituellement racontée par M. H. Urscheller, dans un article plein d'entrain et d'humeur, intitulé : *As-tu vu la lune de Landerneau ?*

« — Le train de Paris venait d'entrer en gare lorsque ce joyeux compère héla un de ces trop complaisants portefaix en haillons qui, dans toutes les petites gares et même dans quelques grandes, importunent de leurs offres de service les personnes qui descendent du train, et lui demanda sur un ton goguenard : « Dis-donc, mon petit, faut-il aller bien loin pour voir la lune de Landerneau ? — Non, monsieur, répondit le jeune drôle ; pour la plus grande commodité des gens pressés comme vous, on l'apporte même à la gare, la voilà ». Et ce disant, il souleva prestement les quelques loques qui furent jadis des culottes et lui présenta une lune qui, pour n'être pas de métal poli, n'en était pas moins une authentique lune de Landerneau ».

Voici, assure-t-on, d'où vient la célébrité de cette fameuse lune de Landerneau :

Les rois de Léon étaient propriétaires de toutes les terres de leur royaume. Ils prenaient des titres pompeux, tels que Witur, qui signifie vainqueur ; Salomon, le sage ; Judicaël, le grand juge ; Hoël, le soleil, la lumière. Dans leurs armes figuraient le lion, le roi des quadrupèdes ; le dragon ; le soleil, le plus brillant des astres, etc.

A leur retour des croisades et de la guerre d'Espagne contre les Maures et les Sarrasins, les princes de Léon embellirent leurs villes et leurs villages de quelques édifices et de clochers en minarets, surmontés, non de croissants, comme ceux des musulmans, mais de disques d'or ou d'argent, représentant le soleil ou la pleine lune. On voit encore en Bretagne de ces clochers à galeries extérieures superposées, aux corniches découpées, aux clochetons et aux flèches d'après les minarets des mosquées. Le palais du prince, à Landerneau, était surmonté d'un astre métallique, resplendissant avec des rayons saillants.

Louis XIV avait pris pour emblème de son autorité, le soleil. Il paraît que de Rohan, prince de Léon, qui était habituellement à la cour du grand roi, voulut marquer sa déférence en remplaçant son soleil par une lune. Il fit argenter le disque de son palais, qui auparavant était doré, ce qui donna l'occasion de dire : adieu le soleil de Léon, il n'y a plus que la *lune de Landerneau*, expression répétée partout sans qu'on en connaisse exactement l'origine.

Je sais bien que d'autres écrivains ont donné une origine toute différente à la célébrité de la fameuse lune de Landerneau, et M. H. Urscheller, notamment, dans ce même article humoristique dont j'ai parlé plus haut, raconte la fausse ou véridique anecdote, mais assurément pleine de satire à l'égard du gentilhomme breton supposé en avoir été le héros. Je reproduis moi-même ici, en raison de son originalité, cette anecdote. Entre les deux versions, le touriste pourra faire un choix et se former une opinion sur l'origine probable de l'expression devenue si populaire : as-tu vu la lune de Landerneau?

« Louis XIV, pour reconnaître les nombreux services que la Bretagne avait rendus et ne cessait de rendre à la France, avait attiré à sa cour quelques gentilshommes bretons. Cette haute marque de faveur ne fut pas toujours goûtée par ceux qui en étaient l'objet, et plus d'un de ces braves Bretons, aux mœurs rudes et austères, dut se sentir dépaysé à la cour fastueuse du roi-soleil. C'est ce qui arriva notamment pour un gentilhomme campagnard des environs de Landerneau, qui, à peine transplanté sur les bords de la Seine, se prit à regretter amèrement les rives de l'Elorn.

Un soir qu'il se promenait mélancoliquement dans le parc de Versailles tout en rêvant aux landes couvertes d'ajonc de son pays natal, un hobereau de la cour, voulant lier conversation avec lui, l'aborda par cette phrase banale : « Oh ! la belle nuit que nous avons aujourd'hui ». Et, comme celui à qui il s'adressait paraissait ne rien entendre, il reprit en grossisssant la voix : « Mais regardez-moi donc cette lune superbe ! »

A ce mot de *lune*, qui ravivait encore en lui le souvenir et les regrets de la patrie absente, le doux rêveur leva tristement les yeux vers le ciel, les fixa un instant sur la reine des nuits et balbutia avec attendrissement comme un homme qui pense tout haut : « Elle ne vaut pas celle de Landerneau ! »

Le mot fit fortune à la cour, et ce cri du cœur, naïve expression du plus louable des sentiments, suffit pour couvrir de ridicule l'innocent gentilhomme et la non moins innocente ville de Landerneau ».

Il est encore une autre expression qui a été conservée, c'est celle : *Il y aura du bruit dans Landerneau*.

Dans les derniers siècles, Landerneau était le lieu de réunion de toutes les notabilités de la Basse-Bretagne. Rien ne pouvait avoir de célébrité s'il n'était connu à Landerneau, et ce qui faisait du bruit dans cette ville avait de l'écho dans toute la Bretagne, et même au de-là. En parlant d'une chose importante, on disait déjà alors, comme on dit encore aujourd'hui : « Cela fera du bruit dans Landerneau ».

Cette expression vulgaire n'a plus de nos jours aucun sens propre.

Si l'on s'en rapporte à Cambry, quand on disait qu'il y aurait du bruit dans Landerneau, on entendait par là que l'on donnerait un charivari à une veuve qui se remariait. — « L'usage du charivari existait à Landerneau, dit-il, et on le pratiquait avec des cris, des hurlements, un tintamare affreux, occasionné par des crécelles, par des chaudrons et par des cloches. On prétendait par cet usage, éloigner l'esprit du premier mari mécontent de l'infidélité de sa moitié ».

A Landerneau, les édifices les plus remarquables sont l'église neuve de Saint-Houardon (homme de fer, houarn-den). On a eu le soin de conserver dans la nouvelle construction de cette église quand elle a été réédifiée, le curieux porche de l'ancienne église démolie, lequel, tout construit en pierres de Kersanton, chargé d'ornements de sculptures, est admiré des connaisseurs. La corniche hardie du fronton, les colonnes d'ordre Corinthien, les sculptures qui le décorent sont d'un heureux effet. Dans l'église de Saint-Houardon il y a deux tableaux de peintres connus. L'un de M. Jobbé-Duval est une *Descente de Croix*. L'autre de M. Yan-Dargent représente Saint-Houardon assis dans une auge de pierre que des anges poussent sur la mer dans les parages de la rade de Brest.

M. Yan-Dargent s'est inspiré de cette strophe de la légende du saint patron de Landerneau, mise en vers burlesques par M. de Roujoux, membre de l'assemblée législative en 1791 :

> O prodige nouveau,
> Il s'embarqua sur l'eau
> Dans une auge de pierre ;
> A travers les rochers,
> Il courut des dangers
> Bien plus grands que sur terre.

L'église de Saint-Thomas n'offre rien de très intéressant. Les parties les plus anciennes sont du XVIe siècle.

Un autre édifice remarquable domine toute la ville ; c'est l'ancien couvent des Ursulines, qu'on appelle le *Quartier*, qui, après avoir été hôpital maritime, puis caserne, est maintenant une maison centrale de détention.

La filature de Traon-Elhorn mérite la visite des curieux.

On voit encore dans la ville une vingtaine d'anciennes maisons d'une construction bizarre, avec divers ornements sculptés.

LA ROCHE-MAURICE. — Les touristes qui vont à Landerneau ne perdront pas leur temps en allant visiter la Roche-Maurice, à trois quarts de lieue de la ville, et qui offre un intérêt artistique des plus attrayants. Qu'ils montent aussi sur le clocher de Pencran pour avoir sous les yeux un magnifique panorama. Qu'ils demandent enfin à voir le tombeau d'Olivier de la Palue, qui est décoré dans son contour d'arcades gothiques remplies d'écussons armoriés. Sur le dessus est la statue couchée et bien exécutée du chevalier revêtu de son armure du XVIe siècle. Olivier de la Palue était de la branche cadette des rois de Léon.

A la Roche-Maurice, dans le cimetière, on remarque l'ancien charnier ou reliquaire sur le soubassement duquel sont représentés les principaux personnages de la danse Macabre, ayant en tête, sous la forme d'un squelette, la Mort tenant un dard dans les mains. On lit au dessous :

« *Je vous tue tous* ».

La Roche-Maurice était autrefois une place très forte, et le séjour ordinaire des vicomtes de Léon. Le château aujourd'hui en ruines, était sur le sommet d'une roche extrêmement élevée, et d'un abord très difficile. Cet endroit est un des plus jolis paysages qui soient en Bretagne, où les points de vue sont cependant si variés.

En somme, Landerneau est une agréable petite ville et son port est très fréquenté. Souvestre a appelé Landerneau « un joli village allemand dans le voisinage duquel on trouve des promenades délicieuses, de fraîches solitudes, de charmants bosquets, des coteaux verdoyants, des vallées ombreuses, des prés fleuris, de clairs ruisseaux, qui méritent de fixer l'attention et d'occuper le paysagiste ». J'ajouterai que dans ce pays des vallées verdoyantes, festonées d'églantiers et de chèvrefeuilles, les champs sont partout entourés de haies vives et impénétrables. C'est au long de ces abris touffus, tout resplendissants de fleurs au printemps, sous les feuillages du frêne et du saule argenté, qu'on aime à suivre les détours, à s'égarer, à s'asseoir parmi les fougères ou sur les gazons qui tapissent le revers des fossés.

CHATEAU DE LA JOYEUSE-GARDE. — Au château de Joyeuse-Garde, sur le bord de l'Elhorn, fut le rendez-vous des chevaliers de la Table-Ronde. C'est là qu'ils se réunirent pour célébrer des joûtes et des fêtes, le roi Artur, Lancelot du Lac, Tristan le Léonais, Gauvin, le vaillant Amadis et la blonde Iseult, la belle et sensible Geneviève. Ce coin du monde a été le berceau et la terre classique des prouesses de la chevalerie. C'est à Joyeuse-Garde qu'Artur fit faire aux dames de la cour l'épreuve du *court-mantel* qu'il avait reçu de la fée Morgan, sa sœur.

— « Dans ces routes ombreuses que vous traverserez, a dit l'écrivain que j'aime à citer parce qu'il a poétiquement décrit la Bretagne, Souvestre, dans ces routes ombreuses a retenti le cliquetis des armes des compagnons d'Artur. Toute la poésie du moyen-âge est ici : On la lit sur les feuilles, on l'entend dans les brises. Le murmure de l'Elhorn, au bas de la colline, la clochette du cheval qui trotte dans les coulées, le chant du pâtre qui se perd sur les rochers lointains, tout semble vous parler de ces temps de poésie primitive, tout vous rappelle les romanesques aventures ; et, tout palpitant de souvenirs au milieu de cette nature sauvage, vous marchez rêveur, le cœur gonflé d'émotions, et tout enivré du parfum du passé. — »

> Je vois près du château de la Joyeuse-Garde,
> Dont l'écho répétait les soupirs d'un vieux barde,
> Passer la blanche Iseult sur son beau palefroi,
> Et les dames presser le flanc des haquenées
> Lorsque le son du cor mêlait ses randonnées
> Aux tintements lointains du lugubre beffroi.

Ce pays n'a d'ailleurs d'annales que ses légendes, et c'est toujours l'histoire de Saint-Ténénan que vous racontent les villageois de ce canton.

Nous avons vu que Saint-Houardon était arrivé à Landerneau dans une auge de pierre, Saint-Ténénan, au contraire, arriva sur un beau navire, et débarqua dans le canal d'Elorn, près du château qui ne s'appelait pas encore *Joyeuse-Garde*, mais le *Château des Pleurs dans la Forêt*, *Castel-Gouëlou-Forest*.

A cette époque, les Danois, peuple barbare et idolâtre, qui avaient mis pied à terre à la côte de

Léon, exerçaient leurs ravages dans le pays. Les habitants ne trouvaient plus de sûreté que dans les châteaux et dans les antres les plus obscurs des forêts. Le château de Gouëlou-Forest avait servi de refuge à un grand nombre de paysans, qui y avaient placé garnison pour défendre l'entrée de la rivière. Lorsque la sentinelle aperçut le navire de Ténénan, elle cria que le serviteur de Dieu qui devait les délivrer arrivait. Aussitôt toute la garnison fit retentir l'air de ses cris de joie. Les paysans qui étaient restés dans la forêt se disaient l'un à l'autre : *Meubet a joa euz er guard*; c'est-à-dire : ils mènent grande joie dans la garnison, et de là ce château fut appelé *Castel-joa-euz-ar-Guard*, que les Français, dit Albert-le-Grand, « accoutumez à tordre le nez à notre breton pour l'accommoder à leur idiome, appellent *Joyeuse-Garde* ».

L'époque la plus intéressante de ce château est celle des jours brillants de la chevalerie. C'est là qu'Artur avait fait sa résidence.

  Au grand Artur il prit un soir envie
  D'envoyer là, pour finir les discours,
  Toute la fleur de la chevalerie,
  Bliombèris, Caradoc, Sacrèmor,
  Cauvin lui-même, et vingt autres encor,
  Mordrec, d'Artur ce neveu difficile,
  Chacun enfin, sur un coursier agile,
  Court s'assurer, et par ses propres yeux
  De cet exploit vraiment prodigieux.
  Fêtant beaucoup leur troupe aventureuse,
  Lors Lancelot fort bien se signala
  Pendant huit jours on courut, on balla,
  Et le château de *Garde-Douloureuse*
  Changeant de nom, depuis ce moment-là
  Est le château de la *Garde-Joyeuse*.

En ce temps-là, comme les chevaliers étaient polis, le roi Artur les appela tous pour tenir compagnie aux dames : les uns parlèrent d'amour, les autres récitèrent des lais, des fabliaux et des histoires du temps passé : bref

> Onc on n'avait montré tant de gaîté
> Dans le château de la Joyeuse-Garde.

Mais par la suite on en montra beaucoup moins, quand Artur reçut de la fée Morgan

> Certain manteau, qui se raccourcissait
> Selon que celle à qui l'on essayait
> Ce vêtement, à plus ou moins d'estime
> Avait des droits : il n'allait vraiment bien
> Qu'à celle-là ne se reprochant rien.

Notez qu'on avait exigé du roi Artur que sans retard il essayât le mantel à toutes les dames de la cour.

> Vous devinez l'épouvante des belles,
> Quand le manteau, soit trop court, soit trop long,
> Allant déjà très-mal à quatre d'elles,
> Queux leur apprend quelle en est la raison.

Il n'y en eut, dit-on, qu'une seule qui put ajuster le mantel.

Quelques années après, Lancelot enleva son amante, la femme du roi Artur, la trop sensible Geneviève, et se renferma avec elle dans le château de Joyeuse-Garde. Artur assiégea la place, espérant bien y brûler la reine et le félon. Il donna plusieurs assauts, mais la citadelle était bien défendue. A la fin, il y eut accord par lequel il fut convenu qu'il aurait sa compagne

> Sans que de rien il put jamais parler
> Et sans songer surtout à la brûler.

Du château de Joyeuse-Garde il ne reste plus qu'un portail couronné de lierre et un souterrain obstrué.

Au lieu des sons du cor et des brillantes fanfares qui réjouirent jadis ces lieux, on n'y entend plus que le cri plaintif de quelque oiseau de bruyère, ou le son monotone des conques de quelques pâtres qui se répondent de vallée en vallée, bruits mélancoliques qui se perdent dans l'espace comme la voix du génie attristé de ces vieilles ruines, pleurant sur ces âges de courtoisie, de vaillance et de gloire chevaleresque, que les générations ne verront plus renaître.

SAINT-MARC. — A une demi-lieue environ de Brest, sur la route du Moulin-Blanc, on rencontre le petit bourg de Saint-Marc qui possède une église d'un joli style dans laquelle on remarque un tableau à l'huile dont l'auteur est inconnu, mais qui a de la valeur. Il a quatre mètres environ sur trois mètres, et représente la Circoncision de Jésus-Christ. Les figures sont à peu près de grandeur naturelle. Au centre de la composition est l'enfant soutenu au-dessus d'un bassin par le grand prêtre ; aux côtés, Saint-Joseph et une femme voilée. Derrière ces personnages, on en voit plusieurs autres dans diverses attitudes.

LAMBÉZELLEC. — GOUESNOU. — LE FOLGOËT.

— Nous allons maintenant prendre pour but de nos excursions le côté de Lambézellec, de Gouesnou et du Folgoët.

En sortant de Brest, j'appelle ici Brest la partie entourée par les fortifications, on se trouve immédiatement sur les glacis traversés par la route qui prend le nom de rue de Paris. On est sur la place du Roi de Rome. Aplanie et plantée en 1811, année de la naissance du fils de Napoléon 1er. Cette place est située entre la partie N.-E. de l'enceinte et la nouvelle ville.

Elle portait, en 1848, le nom de Place-de-la-Liberté; celui de Bourbon sous la Restauration ; celui de Roi de Rome, sous le premier empire. Le nom de Place-de-la-Liberté lui est revenu et c'est celui qu'elle porte maintenant. Ce sont les Champs-Élysées de Brest. Elle est presque constamment occupée par des baraques en plein vent, des cirques, des chevaux de bois. C'est sur cette place que se tiennent les grandes foires. Elle communique avec la ville par une double porte qui fait face à la Grand'Rue et à la rue de Siam. Cette double porte ou plutôt ces deux portes qui répondent aux noms de Saint-Louis et de Landerneau sont destinées à disparaître dans un avenir très prochain. Pendant même que j'écris ces lignes, on en opère activement la démolition, et dans quelque temps, dans quelques semaines peut-être, ce qui d'ailleurs est loin d'être regrettable, il n'en restera plus pour les habitants de Brest que le souvenir. Si j'en fais mention dans ce livre, ce n'est même que pour conserver la trace de leur existence désormais passée.

C'est un acheminement, il faut l'espérer, à la suppression des remparts, du moins dans la partie qui isole aujourd'hui la paroisse de Saint-Martin du reste de Brest proprement dit.

Plus loin, la porte Fautras, du nom d'un major de la marine au temps de Louis XVI, donne également accès à la Place-de-la-Liberté. Le 19 septembre 1785, la communauté de Brest voulant témoigner à M. de Fautras sa reconnaissance pour les démarches qu'il avait faites à Paris, dans l'intérêt de la ville, donna son nom à la rue qui s'appelait auparavant la rue des Casernes.

Une fois rendu sur les glacis, en prenant une des routes, à gauche, soit celle de la Vierge, soit celle de Kerinou, on se rend directement au bourg de Lambézellec, où en arrivant sur la place on rencontre l'église. Le caractère de cet édifice s'est inspiré de l'art ogival de l'une des périodes du XIII° siècle. Quand on entre, son ampleur se dévoile entre deux longues lignes d'arcades en pierres de Kersanton dont les piliers forment des faisceaux de colonnettes. Les neuf baies qui entourent le chœur sont ornées de belles verrières dues au talent de M. Lobin, de Tours. Sur un pan plus rapproché on s'arrête devant les tableaux représentant Saint-Laurent, patron de la paroisse ; à l'extérieur, une flèche aérienne s'élance à 58 mètres, ce qui permet de la voir de fort loin, l'église étant sur le point culminant de la commune.

GOUESNOU. — A huit kilomètres de Brest, on rencontre le gros bourg de Gouesnou, dont la place est traversée par la route allant de Brest à

Saint-Pol-de-Léon ; il est le chef-lieu d'une commune qui doit son nom à un pieux anachorète du VIIe siècle.

Saint-Gouesnou naquit en l'île de Bretagne, de parents de fortune médiocre. A l'âge de dix-huit ans, il quitta son pays avec son frère aîné Majan. Après avoir passé la mer, ils arrivèrent tous deux au port de Brest, et se retirèrent en divers hermitages.

Saint-Majan se retira au lieu qui, de son nom, s'appelle Loc-Majan ; c'est une jolie chapelle sur le bord de la mer, dans la paroisse de Plouguin. Saint-Gouesnou se fixa dans un lieu appelé *Land*, distant d'une lieue et demie de la ville de Brest, et qui est aujourd'hui le bourg de Gouesnou.

Descendez de voiture, allez voir l'église, elle mérite d'être visitée. L'architecture en est élégante, gracieuse, variée. Son portail aux formes fantastiques, est orné de bas-reliefs, de colonnades, de niches et de festons. On tient pour certain que St-Gouesnou, la charité des fidèles étant venue à son aide, bâtit sur les plans de Saint-Majan, son frère, habile architecte, le monastère qu'il gouverna jusqu'en 650.

Le Folgoët. — Vous pouvez passer Plabennec sans vous y arrêter, et vous arrivez au Folgoët. Tout le monde connaît la légende de Salaün-ar-Foll (Salaün-le-Fou), que le père Cyrille nomme le plus beau page de la Reine des Cieux. C'est à ce fou, mendiant, que l'on doit ce beau spécimen de l'art gothique qu'on nomme le Folgoët.

En 1350 environ, vivait au territoire de Lesneven, un pauvre garçon idiot, nommé Salaün, qui ne put jamais apprendre à dire autre chose que ces deux mots : *Ave Maria*, qu'il répétait continuellement. Ses parents morts, il fut contraint de mendier. Il se tenait dans un bois, près d'une fontaine, n'ayant pour lit que la terre froide, et l'abri d'un arbre tortu. Il allait tous les matins à Lesneven, distant d'une demi-lieue de son bois, et là il mendiait. Les villageois ne l'appelaient que Salaün-ar-Foll.

Salaün tomba malade et mourut. Il paraissait tout à fait oublié, lorsqu'on vit sortir de sa fosse un lys blanc par excellence, qui répandait au loin une odeur agréable, et, ce qui est plus extraordinaire, c'est que dans les feuilles de ce lys étaient écrites, en caractère d'or ces paroles : *Ave Maria*.

Commencée sous Jean IV, en 1364, la chapelle du Folgoët ne fut terminée qu'en 1423, par le duc Jean V. Il a fallu du temps pour sculpter et ciseler ces festons, ces chapiteaux, ces rétables et ces mille figurines dont le relief s'accuse de toutes parts.

Nous voici en face de la chapelle. — Sans transept, c'est-à-dire sans galerie transversale, elle se courbe en équerre à son extrémité nord. Cette église est d'architecture purement gothique. On y voit abonder les minarets, les flèches, les lancettes, les coupoles et toutes les autres imitations des édifices de l'Orient. C'est le produit léger, multiflore, touffu, hérissé, efflorescent de l'ogive, chargé de découpures, de fleurs, de feuilles, de fruits, d'insectes, d'animaux. C'est le gothique enfin se jouant, en sens divers, avec toute la licence de ses goûts, la mobilité de ses caprices. Le clocher est d'un très beau style gothique ; il est surmonté d'une flèche, ornée de petites tourelles latérales, et de mille découpures à jour, qui la rendent comme transparente au lever du soleil. Ce clocher s'élève, en outre, sur un magnifique plateau, d'où il semble publier au loin les grandeurs de Marie ; les villageois le révèrent, jusques au fond de la Cornouaille, on fléchit le genou au premier aspect de cette vénérable tour. Cadrant mal avec elle pour le genre, avec le reste de l'édifice, on a placé à côté une autre tour dont la base est ancienne, mais dont le couronnement, connu sous le nom de dôme, est d'une date plus récente. La construction de cette tour a été attribuée à la duchesse Anne. C'est là qu'était placée autrefois la sonnerie si vantée de N.-D. du Folgoët. De la seule grosse cloche de cette église, brisée en 1793, on en a fait, à la refonte, deux autres fort remarquables, la grosse cloche de l'église Saint-Louis, et celle du port, à Brest.

La seconde tour est séparée de la première par une haute plate-forme qui les unit toutes deux. Nous voici devant les portes principales. Ces portes étaient précédées par un porche dont il ne reste plus que quelques vestiges. Dans le tympan est un tableau gravé sur une seule pierre de Kersanton, représentant la Nativité et l'Adoration des Mages. Ce tableau offre quelques détails assez curieux de figures et de costumes.

Un des rois mages porte une ceinture de clochettes fort singulière ; la vierge étendue sur un lit et la tête appuyée sur un oreiller paraît faire la sieste ; son bras gauche entoure cependant le petit Jésus qui semble avoir une conversation très-animée avec un des rois mages. Dans un angle, le bœuf et l'âne avancent discrètement la tête ;

à l'autre extrémité, un ange déroule un cartouche sur lequel on lit :

Puer nat' est (l'enfant est né).

Près de la première porte, à gauche, en entrant, on retrouve l'inscription en caractères gothiques, que le duc Jean V y avait fait placer avec sa statue. Cette statue a été brisée au commencement de la révolution.

L'inscription elle-même a beaucoup souffert. La voici dans sa forme actuelle :

```
... annes illustriss dux
   B. itonum fundavit pre
Se.  s  c.  llegium  anno
    ...I. IIII. XXIII.
```

Johannes illustriss Dux Britonum
fundavit præsens collegium anno
MCCCCXXIII
Jean, l'illustrissime duc des Bretons
fonda le présent collége, l'an du Seigneur
1423.

Le duc Jean était représenté agenouillé devant la Vierge.

La façade occidentale offre un portail construit sur le modèle du précédent. Dans l'intervalle du portique, au dôme, se dresse la statue de l'évêque Alain, en habits épiscopaux : la mitre sur la tête, le livret de fondateur dans la main droite, la crosse dans la gauche, et sur l'épaule un baudrier, auquel pendent des coquilles. En face de ce portail est une croix sur le socle de laquelle on remarque une statue du cardinal de Coëtivy, mort à Rome en 1474. Cette statue représente le cardinal breton dans l'attitude de la prière, à genoux sur un coussin, la tête découverte et le chapeau de cardinal retenu par un cordon renversé sur ses épaules.

La figure du cardinal est pleine d'expression. Le sculpteur y a, du reste, parfaitement saisi toutes les poses et les nuances : ondulations de robe, de plis du chapeau, velouté du costume. C'est un morceau digne de figurer dans un musée d'antiques ; il donne une idée exacte de la statuaire dans la seconde moitié du XVe siècle, et montre, comme tous les autres monuments du Folgoët, le parti que les artistes de ce temps tiraient de la pierre de Kersanton.

Plus loin, dans ce qu'on appelle la chambre ou chapelle de la Croix s'ouvre le portique des Apôtres. Fouillé, sculpté, ciselé avec grâce, ce porche est une œuvre d'art d'une délicatesse exquise. De chaque côté les statues des apôtres dans des niches surmontées de dais. On y voit une charmante corniche en feuilles de vigne, et, dans la moulure au dessous, dix hermines courant les unes après les autres et portant, sur les bandelettes qui les entourent, la devise : *A ma vie*. De chaque côté, des contreforts en arête avec niches surmontées de dais.

Dans la niche de droite, on voit Saint-Michel qui terrasse Satan. Dans la niche de gauche, une sainte ayant sous les pieds un dragon.

Le portail intérieur, servant d'entrée dans la chapelle de Croix, présente des prodiges de sculpture. Sur la moulure droite sont comme jetées avec une grâce infinie de larges feuilles de vignes, sous lesquelles on peut facilement introduire la main ; on les dirait collées à la moulure par leurs légères extrémités, tandis qu'elles font corps avec elle. Dans la rainure gauche du portique circule une vigne entière avec des branches, ses feuilles et ses fruits, c'est une autre œuvre de patience, de talent et même un peu de malignité, car on y fait sortir le cep de la vigne du corps d'un gros petit chanoine qu'on y aperçoit dans une posture douloureuse, bien que fort naturelle.

Du centre de l'église, en regardant le maître-autel, la vue pénètre jusqu'au fond du sanctuaire à travers deux fenêtres grillées en fils de Kersanton. Nous arrivons devant l'arc de triomphe bien plus connu sous le nom de Jubé. A travers cette dentelle de pierre, on voit briller la magnifique verrière, qui remplit les meneaux de la rosace et les intervalles de l'arcature de la fenêtre placée derrière le maître-autel.

Ce Jubé est soutenu, sur le devant, par quatre colonnes, et en arrière, il repose sur le mur du chœur. Ces colonnes sous chapiteaux s'évasent, s'élancent, s'épanouissent dans tous les sens. Ils soutiennent trois arcades charmantes, enrichies de festons, et surmontées de portiques à ogives, merveilleusement dessinés, taillés, sculptés et découpés. Leurs chapiteaux présentent une foule de caprices : des insectes, des animaux, des fleurs, des roses, des guirlandes de vignes, où chaque feuille se détache de sa branche. A toutes ces richesses de l'art vient se joindre cette belle galerie à étoiles, formant une espèce de dentelle à jour, pleine de légèreté, parsemées de petites œuvres, liées, cousues entre elles, pour ainsi dire, par de simples filets, si déliés, qu'ils sembleraient devoir se briser sous les doigts. On dirait que la pierre y a été découpée, comme du carton ou pétrie comme de la cire molle.

La chaire de l'église du Folgoët dont l'escalier est en chêne sculpté offre des épisodes de la vie de Salaün et des statuettes dont les noms se rattachent à l'histoire du Folgoët : les ducs Jean IV et Jean V, Anne de Bretagne, le cardinal de Coëtivy, etc. C'est probablement à des sculpteurs de Saint-Pol qu'on doit cette chaire et ces statuettes.

Après le jubé, vient immédiatement le chœur. Dans l'angle, à droite, est l'ouverture de la cage d'escalier qui conduit sur le jubé. Les cloisons extérieures du chœur, avec leur corniche dentelée et leurs arcades d'enfeus, en pierre de Kersanton, conservent religieusement la teinte cendrée que les âges lui ont transmise. Citons aussi les autels en style gothique et d'un travail surprenant par sa légèreté. Tout près de la chapelle collégiale est le prieuré où s'arrêta Anne de Bretagne. Ce prieuré, avec ses portes richement sculptées et armoriées, sa tour octogone, ses fenêtres hérissées de crochets et de gargouilles, forme un beau spécimen de l'architecture du XIVe siècle.

Il faut voir tout, quand on vient au Folgoët.

« Il faut voir tout ici, -- car tout est admirable ! »

Comme le dit avec raison M. Arthur de la Borderie dans des vers si charmants, si mélodieux, si remplis de délicatesse, que je ne puis résister au désir d'en extraire quelques-uns pour les offrir, comme on offre un bouquet, aux visiteurs de la magnifique église :

« Il faut le voir !... Il faut voir ses fines dentelles
De pierre ouvrée à jour, -- les fleurons, les festons,
Broderie à l'aiguille, -- et ces guirlandes frêles
Où la vigne s'enroule aux feuilles des chardons.

Il faut voir le Jubé gardien du sanctuaire ;
Le *Guide* vous dira que c'est du Kersanton ;
N'en croyez rien, il ment... C'est du point d'Angleterre !
Jamais reine n'en eut de tel à son jupon.

Il faut voir les autels aux sveltes arcatures,
Aux anges chevelus, aux blasons curieux.
Il faut voir les meneaux, les tympans en guipures,
Aux fenêtres, dardant leurs trèfles radieux.

Il faut tout voir ici -- car tout est admirable,
Tout est fin, ciselé, gravé comme un bijou.
La pierre ici vaut l'or. -- Chef-d'œuvre incomparable,
Né du lis qu'engendra le cœur du pauvre fou ! »

On se demande comment toutes ces merveilles ont été créées. A l'époque où furent élevés les nombreux calvaires, les chapelles qui couvrent encore la province, les églises sur lesquelles on voit se dérouler avec un art infini le dur granit pétri et façonné comme de l'argile, un nombre considérable d'ouvriers firent vœu de ne travailler qu'aux monuments sacrés ; on les voyait parcourir la Bretagne, leurs outils sur l'épaule, et le chapelet à la main. Ils allaient ainsi de village en village, offrant aux prêtres leur temps et leurs marteaux. Les uns se vouaient uniquement à la construction des chapelles dédiées à la Vierge ; les autres s'imposaient l'obligation de sculpter chaque jour un nombre déterminé de feuilles de chênes, de trèfles ou d'arabesques, c'est ce qu'ils appelaient le *chapelet du picoteur*.

Ces artistes cosmopolites transmettaient à leurs fils, la science, le goût, les arts, les procédés, la poésie qui les guidaient dans l'exécution de leurs merveilleux travaux.

LESNEVEN. — Non loin du Folgoët se trouve la petite cité armoricaine, Lesneven. Cette ville eut pour fondateur au VIe siècle, Even ou Neven, comte de Léon qui lui donna son nom et y fixa sa résidence.

Les-Neven, en breton, signifie cour d'Even.

Quelques auteurs lui assignent une plus haute antiquité. Suivant eux, elle était la capitale ou cité des Lesnovices, que César met dans l'Armorique ; d'autres enfin prétendent qu'elle était déjà célèbre au temps du roi Gradlon,

> Lequel passa par Lesneven,
> Avec Monsieur Kerminaoüen.
> Sur un petit cheval jument
> Tout gris, tout blanc,
> Pour porter li
> Da Pontivi.

Lesneven n'a rien de bien curieux à visiter, néanmoins le touriste fera bien de pousser jusqu'à cette petite ville où il trouvera un hôtel convenable, ce qui manque entièrement au Folgoët.

Les excursions du voyageur aux environs de Brest seront terminées, lorsqu'il aura visité la côte N.-O. du département : Saint-Renan, Lannilis, Ploudalmézeau, les ruines des châteaux de Kergroadez, de Trémazan, et découvert l'Océan dans toute sa splendeur, « cet océan, ainsi que l'a dit Chateaubriand, qui blanchit contre une multitude d'écueils, la région solitaire, triste, orageuse, où le bruit des vents et des flots est éternel ».

CASTEL-MEN. — Après avoir passé le petit village de Kérinou, à une demi-lieue de Brest, et en suivant la route qui conduit à Guilers, on ne tarde pas à rencontrer, caché au fond d'un vallon, Castel-Men, où ont été trouvées il y a quelques années, des poteries romaines, au-delà duquel se voient les ombrages et l'antique château féodal de Keroualle, vaste corps de bâtiment, auquel on parvient par une grande cour plantée de beaux arbres. En arrière et à droite, se voient une tour carrée et une tourelle. C'est là qu'elle résidait, lorsqu'elle ne restait pas à Brest, la belle Louise-Renée de Pen-ar-Coët de Keroualle, duchesse de Portsmouth, et favorite de Charles II, roi d'Angleterre. A Brest, elle possédait un hôtel qui se trouvait en face de l'église des Sept-Saints ; ce quartier était alors celui de l'aristocratie.

Après la mort de Charles II, mademoiselle de Kéroualle revint en Bretagne, comblée de richesses dont elle employa une partie à la restauration et à l'embellissement de la demeure de ses ancêtres. Dans les appartements du premier étage auquel on parvient par un escalier de pierres de taille, se voyaient des peintures mythologiques attestant que la châtelaine n'avait pas rapporté d'outre-mer une pruderie exagérée.

Il existe encore quelques-unes des peintures mythologiques qu'elle y fit exécuter, entre autres, un plafond où elle est représentée en Andromède, entièrement nue et enchaînée sur un rocher.

Elle attend peut-être, comme la fille de Céphée, que Persée, monté sur Pégase, vienne la délivrer.

SAINT-RENAN. — Nous passons Guilers et nous arrivons à Saint-Renan. Saint-Renan est un de ces nombreux apôtres qui passèrent de l'Islande dans la Bretagne-Armorique aux Ve et VIe siècles. C'est le patron de la petite ville où nous arrivons.

Rien à Saint-Renan ne mérite de fixer l'attention : de vieilles maisons d'une architecture massive, le portail en ruine d'une église du XIIIe siècle ; tel est à peu près ce que Saint-Renan offre à l'attention de l'antiquaire. Cette ville a eu cependant une certaine importance jusqu'en 1681, époque où le siège royal de la justice qui y avait été transféré au moyen-âge, a été restitué à Brest.

Désert toute la semaine, Saint-Renan n'est animé que le samedi, jour de marché, et lors de ses six foires annuelles.

Non loin de Saint-Renan, vous trouvez à Plouarzel, le plus beau menhir du Finistère ; il est en granit brut et d'un seul bloc, haut de plus de quatorze mètres.

ARGENTON. — CHATEAU DE KERGROADEZ. — De Saint-Renan on se rend à Argenton.

Un peu au-delà du point où s'ouvre le chemin de L'aber, les promeneurs s'écartent de la route pour visiter le château de Kergroadez, mélange de style Renaissance et de style Louis XIII.

C'est à François de Kergroadez, seigneur qui suivit le parti du roi pendant les guerres de la

Ligue, qu'on doit la reconstruction de ce château dont on voit les restes.

Cette seigneurie fut possédée, dans la suite, par le duc de Roquelaure dans la famille duquel il était passé par alliance vers 1687. Ce château est même plus généralement connu dans le pays sous le nom de château de Roquelaure que sous celui de château de Kergroadez ; c'est là que Louis XIV envoyait parfois le duc méditer, en Bretagne, quand il voulait se venger des facéties qu'il lui débitait devant toute sa cour à Versailles.

Placé dans une position moins saisissante que le château de Trémazan, il s'élève néanmoins dans un pays pittoresque couvert de grands et beaux arbres. De nombreuses et magnifiques allées y aboutissent, mais aux alentours point de grande vue, point de ces grandes échappées qui viennent tout à coup se présenter devant vous. Cette belle habitation qui était encore habitée à la Révolution, fut alors transformée en hôpital pour les troupes du camp de St-Renan qui en était peu éloigné.

Depuis cette époque, elle a été abandonnée, et, en quelques années, on a fait de ce riche château, une vaste ruine. Des ronces et des arbustes arborescents poussent au pied de ses murs, et dans l'intérieur même du château. C'est près de là qu'Azénor-la-pâle était assise, au bord d'une fontaine, et cueillait des fleurs de genêts pour en faire un bouquet à son doux clerc de Mezléan, quand le seigneur de Kermorvan passa et flétrit d'un regard son bonheur et ses fleurs d'amour.

Dans son *Barzas-Breïz*, M. de la Villemarqué a recueilli d'un barde de Cornouaille, la chanson populaire sur cet évènement.

Cette petite Azénor, que la tradition surnomme la pâle, aimait un pauvre cadet de famille du manoir de Mezléan, qu'on destinait à l'état ecclésiastique, et elle l'aurait épousé si ses parents, qui souhaitaient une plus riche alliance, n'y avaient mis obstacle en la forçant de donner sa main à Yves de Kermorvan.

En approchant d'Argenton, l'air s'imprègne d'âpres senteurs marines. L'oreille est frappée d'un bruit sourd et continu. Ce bruit éveille l'idée de quelque chose de grand et de puissant, il annonce, en effet, la présence de l'Océan. Il n'est pas loin. Déjà son voisinage se fait pressentir par l'aspect austère de la nature qui vous environne. C'est que ces plages sont largement ouvertes aux flots de l'Océan. A l'époque des grandes marées, le grand courant océanien soulève au moment du flux et du reflux, avec une violence inouïe, les galets et les sables entassés sur la grève. Les remparts de granit du Finistère opposent bien leur barrière à la violence des lames, mais le combat est rude et il dure depuis des siècles. Depuis des siècles, l'Océan déploie contre les obstacles que la nature a dressés devant lui, une puissance d'une force incalculable.

Grain à grain, il use les rochers, il creuse des cavernes, il ronge, il mine, il entame l'enceinte qui résiste à ses coups, il ouvre une brèche et finit par détacher du Continent quelques rochers qui sont devenus Belle-Ile, Sein, Ouessant, etc.; bien il triomphe en creusant de nouvelles baies dans l'intérieur des terres, et c'est ainsi, sans doute, qu'ont été formées celles de Brest, d'Audierne, de Douarnenez, et tant d'autres moins importantes, que la mer a taillées en mille endroits sur la côte de Bretagne. Toutefois, si l'Océan a ses jours de colère, il a aussi, sur ces mêmes rivages, des jours de calme et tout resplendissants. S'il a des bruits effrayants, il a aussi de mélodieux murmures ; si parfois il soulève ses flots comme des montagnes, d'autres fois il déroule avec grâce, sur l'azur de ses plaines doucement émues, mille guirlandes pélagiennes, et déploie sur le sable nacré des grèves, ses ondes mollement balancées.

PORTZPODER. — D'argenton à Portzpoder il y a environ un kilomètre. Les maisons de Portzpoder s'éparpillent le long de la plage, se rapprochent et finissent par se grouper près de son église. Les plus vieilles de ces maisons sont entièrement construites en granit taillé.

L'église de Portzpoder, dédiée à Saint-Budoc, qui débarqua sur cette côte vers la fin du V⁰ siècle est sans caractère architectural ; elle est vaste et bien entretenue. Les pierres celtiques ne sont pas rares dans les environs.

Entre la chapelle de Saint Dourzall et la côte se voient deux menhirs rapprochés l'un de l'autre et d'égale hauteur. Entre Kervenou et Portzpoder se trouvent également deux menhirs, rapprochés comme les premiers. C'est à mi-chemin de Larret à Portzpoder que se dresse, au milieu d'un champ, le menhir de Kerouezel, un des plus élevés de la contrée, monolithe remarquable par sa hauteur, sa sveltesse et la régularité de ses formes.

CHATEAU DE TRÉMAZAN. — Nous revenons vers Argenton. L'objectif du touriste qui s'aventure de ce côté, est le château de Trémazan, construction du XIIIe siècle et théâtre de la légende de Saint-Tanguy. Ce château dont on admire encore le magnifique donjon, près de Porsal, forme un carré parfait. On ignore l'époque de sa première construction ; les gens du pays veulent la fixer aux premiers âges du christianisme, et même peut-être au temps de Jules-César. Le château est assis sur une butte artificielle. Il ne présente aujourd'hui qu'une vaste ruine, mais une ruine des plus curieuses, rappelant dignement la puissance de ses anciens maîtres, les seigneurs du Chastel. Rien de plus poétique que cette belle ruine, que ce donjon largement ébréché par le temps et tout couvert de plantes murales. La tour, à quatre étages, est percée d'ouvertures longues, étroites et à plein-cintre. Le portail situé du côté opposé, est une double baie ogivale creusée dans une haute et large façade ; aux angles sont deux grosses tours, l'une complètement effondrée, l'autre conservant encore le tiers de sa hauteur primitive. Le château de Trémazan apparaît de loin, semblable à l'une de ces constructions bizarres et sans nom qu'Hoffmann aimait à peindre dans ses visions fantastiques. Trois âges y ont laissé leurs souvenirs et leur empreinte Sa construction première peut remonter au Ve siècle. Trois mille générations ont passé depuis !... Suivez les rochers qui bordent la grève si vous voulez visiter les ruines de Trémazan. Regardez autour de vous. Il y a là la mer sous vos pieds. Non cette mer grave, monotone de la baie d'Audierne, mais la mer folle, la mer en orgie, s'élançant par dessus les récifs formant partout à l'horizon des portiques, des dômes, des clochers, d'une écume pâle, liant entre eux les rochers par ses lames capricieuses qui s'élancent comme des branches de lianes blanches de brisant en brisant, et forment au loin une immense guirlande frangée qui semble séparer le bleu du ciel du bleu de l'Océan.

A gauche, Trémazan s'élève sur sa colline solitaire. Descendez à la grève et traversez-là. Vous serez bientôt dans les douves de Trémazan. Voyez-vous cette tour qui s'élève si haut ?

Resserré entre quatre hautes murailles, ne voyant le ciel qu'au dessus de votre tête, n'entendant que le cri des oiseaux de nuit cachés derrière ces violiers sauvages, n'éprouvez-vous pas une crainte secrète et involontaire ? Oh ! ces violiers rouges qui glissent le long des fenêtres, comme des traces de sang, c'est toute une histoire, une bien triste histoire ; écoutez :

C'était au cinquième siècle, Honorius était roi de Brest, qui n'était alors qu'un simple château, quand il maria sa fille Florence, à Galonus, prince des anciens temps.

Galonus et Florence eurent deux enfants : *Tanguy* et une fille nommée *Eode*.

Florence mourut. Tanguy partit pour l'armée. Eode resta seule, et son père s'étant remarié, elle eut tout à souffrir d'une marâtre qui n'était pas chrétienne. Forcée de quitter le toit paternel, elle chercha des consolations dans la prière, et à force de souffrances et de vertu, elle devint une sainte.

Mais voilà qu'un jour Tanguy arrive ; il demande sa sœur Eode.

— Eode, lui répond la marâtre, Eode la prostituée ! Votre père l'a chassée, car sa honte rejaillissait sur toute sa maison.

Tanguy, furieux, cherche sa sœur ; il la rencontre et sans écouter ses cris, lui fait tomber la tête de dessus les épaules.

Il revient au château éperdu, mais sur le pont-levis il se détourne... Eode sa sœur est là derrière lui, elle a sa tête à la main « laquelle ayant posée sur son col, — dit le vieux chroniqueur Albert-le-Grand, — se remet à son tronc, merveille qui estonna toute l'assistance ».

On aurait été étonné à moins.

Bientôt cette tête replacée fit entendre des paroles douces et saintes. Tanguy apprit de la bouche d'Eode la vérité entière ; puis la jeune fille lui tendit la main, et tomba morte. Peu après, Tanguy entra dans les ordres en expiation de son crime. Mais depuis le jour où le sang d'Eode coula sur ces murailles, des violiers rouges s'élèvent en tout temps et fleurissent même sous la neige.

Ce donjon féodal est aujourd'hui recouvert de plantes sauvages et grimpantes, et dans son enceinte on n'entend plus que les cris discordants d'oiseaux de mauvais augure, mais quel charme triste et doux n'éprouve-t-on pas néanmoins au milieu de ces ruines, devant la mer calme et bleue en entendant les récits d'un autre âge, et ces vieilles légendes armoricaines si naïves et si pleines de merveilles.

Longtemps après les évènements que je viens de raconter, naquit à ce même château de Trémazan, Guillaume Tanguy du Châtel, qui sauva Charles VII, et qui, soupçonné plus tard d'avoir assassiné le duc de Bourgogne, sollicita de son maître, comme une faveur, la disgrâce et l'exil, afin que sa présence à la cour n'empêchât pas la paix avec les partisans du duc.

Ce Tanguy du Châtel fut inhumé à Saint-Denis, sépulture ordinaire des rois de France.

Le château de Trémazan fut rétabli en 1520 avec les ruines de celui d'Ouessant.

Cambry prétend qu'une partie des débris du premier ont été employés ensuite à la construction de l'église St-Louis et du théâtre de Brest.

FIN.

En même temps que j'écris ce dernier mot, *fin*, bienveillant lecteur ou curieux touriste, nous arrivons vous et moi, si toutefois vous avez eu le bon vouloir ou le courage de m'accompagner jusqu'ici, nous arrivons, dis-je, au bout du monde, à l'extrémité du Finistère, à la fin de la terre, *finis terræ*.

En toute chose, se dit-on, il faut considérer la fin.

Or, au départ, je m'étais dit que je devais, au moins, en considérer deux.

La première, la plus naturelle d'ailleurs, était de terminer ce livre, d'arriver à sa fin.

Bien ou mal, cela est fait.

La seconde, beaucoup plus difficile, beaucoup plus délicate, consistait à placer sous vos yeux des tableaux vrais, mais assez attrayants néanmoins, pour vous donner la tentation de me suivre jusqu'au bout dans mes excursions.

Ai-je réussi ?... Je l'ignore.

Pour atteindre ce résultat, j'ai fait tout mon possible, et, mon Dieu, qui sait ?... les hasards sont parfois si extraordinaires ! Vous m'avez peut-être accompagné jusqu'ici dans ma route...

S'il en est ainsi, permettez-moi donc, en retour, au moment où nous allons nous séparer, peut-être pour ne plus nous revoir, de vous exprimer d'abord combien je me réjouis d'avoir rencontré un compagnon de voyage tel que vous, de vous dire ensuite combien je me félicite d'avoir atteint le but que je me proposais, d'avoir réalisé mes désirs, en d'autres termes, combien je suis heureux d'en être arrivé à mes fins.

O. P.

TABLE

Gœsocribates. — Goboeum promontarium des Romains . . 5
Les Osismiens. — Premiers émigrants venus de la Grande-
    Bretagne pour peupler l'Armorique. 6
Parenté entre le dialecte Gallois et le Bas-Breton. . . . 8
Changement du nom d'*Armorik* en celui de *Breiz* ou Bre-
    tagne. — Mœurs, coutumes des anciens habitants des
    rives de la Penfeld. 9
Le rocher la *Rose* 11
Installation des maires de Brest, cérémonies, à cette occa-
    sion, au siècle dernier. 13
Etymologie du mot Brest 15
Richelieu conçoit le projet de faire de Brest un vaste arse-
    nal maritime. — Vauban propose à Louis XIV de réunir
    en une seule communauté Brest et Recouvrance. . . . 19
Privilèges accordés à Brest par Louis XIV 20
Importance de Brest il y a deux cents ans. 21
Château de Brest 22
Sainte-Catherine (Recouvrance.) Eglise des Sept-Saints. . 31
Legende de la dédicace de l'église des Sept-Saints . . . 32
Mœurs, coutumes de la population brestoise avant la Révo-
    lution. 34
Les corporations 36
La gare. — Le boulevard Gambetta. 43
Eglise des Carmes ou du Mont-Carmel. 44
Etablissement des Carmes à Brest 45
Eglise Saint-Louis. 47
Armes de la ville de Brest 54
Eglise Saint-Sauveur. 55
Eglise Saint-Martin 56
Le pont tournant 57
Bastide de Quilbignon ou tour de la Motte-Tanguy . . . 58
Cours Dajot. 60

PROMENADE DANS L'ARSENAL

Porte d'entrée de l'arsenal 65
La *Consulaire* 66
Direction des mouvements du port. — Magasin général. . 68
Corderies. — Ancien bagne 69
Hôpital de la marine. — Jardin botanique 71
Musée de zoologie, de minéralogie 76
Scierie mécanique. — Ateliers des bâtiments en fer. —
    Cales de constructions. 77
Ile Factice. — Canot impérial. 78
Buanderie de l'anse Saupin. 81
La Villeneuve. — Ecole des pupilles de la marine. . . 82
Salle des modèles. — Plateau des Capucins. — Ateliers des
    machines. 83
Caserne des marins 84
Direction d'artillerie. — Salle d'armes. — Parc des vivres 85

PROMENADE DANS LA VILLE

Grand'Rue. — Bibliothèque de la marine. 86
Hôtel de l'ancienne Intendance. — Bureaux du Commis-
    saire Général de la Marine. — Ancienne loge maçon-
    nique, rue Guyot. 87
Rue de Siam. — Hôtel de la préfecture maritime . . . 95
Place du Champ-de-Bataille 100
Théâtre 113
Petit-Couvent. — Bourse. — Génie militaire. — Etat-major
    de la Place. 118
Rue d'Aiguillon : Lycée. — Tribunal civil. — Rue de Tra-
    verse : Hospice civil. 120
Place de la Tour-d'Auvergne. 121
La halle. — La bibliothèque de la ville. — Le Musée. . 122
Boulevard Thiers : Banque de France. 131
Rue de la Mairie : Marché couvert. — Hôtel de Ville. . 135

Ancien hôpital Saint-Louis ; sa chapelle 138
Musée d'anatomie. 139
Quartier de la marine. — Observatoire. 140
Ancien bureau des Marchands 143
Sociétés littéraires : Société des vêpres ; Société d'Emulation ; Société Académique. 144
Vieille fontaine à Recouvrance 144
Cimetière de Brest. 145
Monument élevé à la mémoire des vingt-six membres du Conseil Général du Finistère, exécutés en 1794. . . . 146
Tribunal révolutionnaire à Brest, en 1704. 149
Rade de Brest 155

PROMENADES ET EXCURSIONS DANS LES ENVIRONS DE BREST

Chemin de fer. — Voitures. — Bateaux à vapeur 158
Le Conquet. — Anse des Blancs-Sablons 160
Abbaye de Saint-Mathieu 161
Sainte-Anne du Portzic. — Maison de l'espion 165
Presqu'île de Crozon 166
Anse de Morgat. 167
Grottes de Morgat. — Environs de Crozon 168
Anse de Dinant. 169
Château de Dinant. — Camaret. 170
Roscanvel 172
La pointe Espagnole. — Tal-ar-Groas 173
Le Ménez-Hom. 174
Carrières de Kersanton 175
Ile de Ty-Bidy. — Station du Rody 176
Kerhuon. — Plougastel 177
Saint-Adrien. 183
Daoulas. 184
Logonna 186
Rumengol. 186
Landévennec. 188
Landerneau. 191

La Roche-Maurice	197
Château de la Joyeuse-Garde	198
Saint-Marc	202
Lambézellec	203
Gouesnou	204
Le Folgoët	205
Lesneven	213
Castel-Men	214
Saint-Renan	215
Argenton. — Château de Kergroadez	215
Portzpoder	218
Château de Trémazan	218

Compositions musicales de O. PRADÈRE

Publiées par CHOUDENS, éditeur,
30, Boulevard des Capucines, Paris.

Adieu, partez.
L'ange gardien.
Avec toi.
C'est beau la mer.
La chanson de l'aveugle.
Le Colibri.
Chantez dans votre nid.
La fleur du moine.
Le grillon.
Hanneton, vole, vole.
Le Hautbois du pardon.
J'aime l'été, j'aime l'hiver.
Je m'en moque pas mal.
Jeunes filles et fraîches fleurs.
Laisse-moi mourir.
Mes songes de bonheur.
Marguerite.
Napolitana.
Ne change pas d'amour.
Ouvre-moi ta porte.
Les paludiers du Bourg-de-Batz.
Mimi Pinson.
Le parjure.
Le petit soulier de Noël.
Petit à petit l'oiseau fait son nid.
Si dans mon cœur vous pouviez lire.
Si je vous le disais.
Sixte-Quint.
Tu reviendrais.
Tout ira bien.
Le Rhin Allemand.
Veux-tu me vendre tes cheveux.
Veille du combat des Trente. (Duo).
Vive la France ! (Solo-chœur et orchestre).

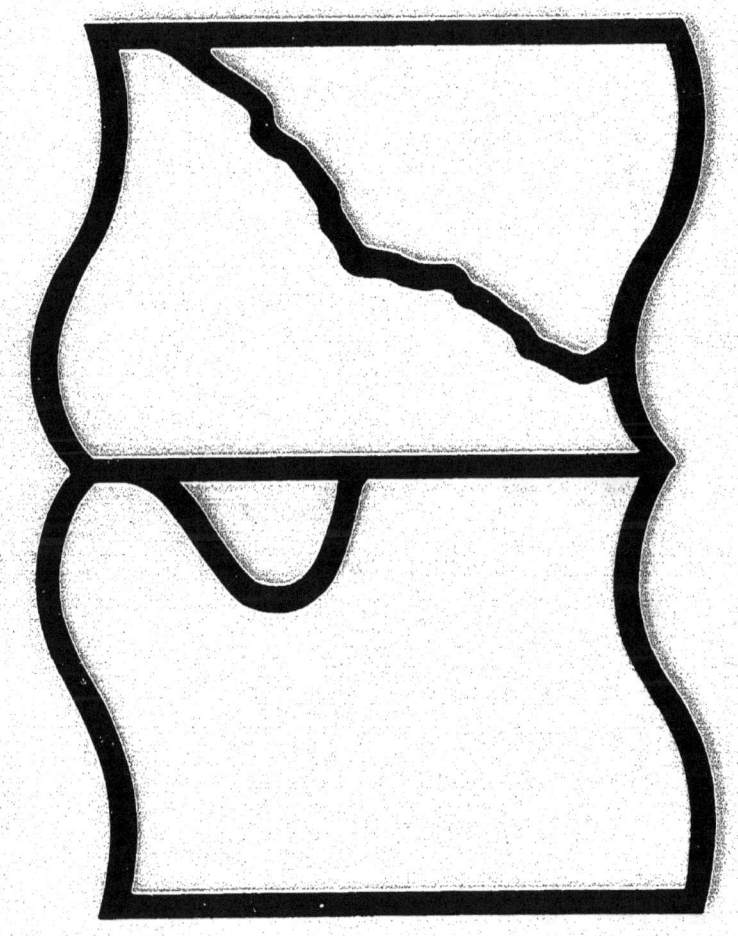

Texte détérioré — reliure défectueuse

Contraste insuffisant

www.ingramcontent.com/pod-product-compliance
Lightning Source LLC
Chambersburg PA
CBHW071905160426
43198CB00011B/1188